Harald Martenstein
Der Titel ist die halbe Miete

Harald Martenstein

Der Titel ist die halbe Miete

Mehrere Versuche
über die Welt von heute

C. Bertelsmann

Die meisten Texte dieses Bandes erscheinen zuerst als Kolumnen in der Wochenzeitung *DIE ZEIT*. Im *Tagesspiegel* erschienen »Über Berlin«, »Über die deutsch-jüdische Tradition«, »Über die deutschen Bundeskanzler«, »Über den Einbürgerungstest«, »Über Hunde«, »Über Mahnmale«, »Über Peter Stein«, und »Über den Roman ›Ezra‹«. Die beiden Texte »Über Sex mit Tieren« stammen aus dem Magazin *GEO*.

Verlagsgruppe Random House FSC-DEU-0100
Das für dieses Buch verwendete FSC-zertifizierte Papier *EOS*
liefert Salzer, St. Pölten.

1. Auflage
Copyright © 2008 by C. Bertelsmann Verlag, München,
in der Verlagsgruppe Random House GmbH
Umschlag: R·M·E Roland Eschlbeck
und Rosemarie Kreuzer
Satz: Uhl+Massopust, Aalen
Druck und Bindung: Friedrich Pustet, Regensburg
Printed in Germany
ISBN 978-3-570-01017-4

www.cbertelsmann.de

Inhaltsverzeichnis

Warum der Titel die halbe Miete ist 9
Über Aphorismen 12
Über Berlin 15
Über Bücher 18
Über den Busen 21
Über Carla Bruni 23
Über die christlich-jüdische Tradition 26
Über die deutschen Bundeskanzler 28
Über die deutsche Teilung 30
Über Deutschland 33
Über den Einbürgerungstest 36
Über das Fasten 39
Über das Fernsehen 42
Über Gender Studies 45
Über Gerechtigkeit 48
Über Gnade 51
Über Google 54
Über große Gefühle 57
Über die Hölle 60
Über Hunde 63
Über den Internationalen Frauentag 66
Über das Jahr 2007 69

Über das Jahr 2008 72
Über Kinderfilme 75
Über Kochen 78
Über konservative Patrioten 81
Über Kriminalität 83
Über die Krise des Feminismus 86
Über Kunst 89
Über die künstlerische Avantgarde 92
Über Magazinjournalismus 95
Über Mahnmale 97
Über meine Homepage 100
Über meine Maria 103
Über mich selbst 106
Über Mode 109
Über Moralismus 112
Über München 115
Über das Paradies 118
Über Partnersuche 120
Über Peter Stein 122
Über Rentner 125
Über den Roman »Ezra« 127
Über Sex mit Tieren (1) 129
Über Sex mit Tieren (2) 131
Über Söhne 134
Über die Sozialdemokratie 137
Über Stadtplanung 140
Über Supermodels 143
Über Teamwork 146
Über die Tibet-Frage 149
Über die Tibet-Frage und Peter Kelder 152
Über den Tod 155

Über Umfragen 158
Über den Vatertag 161
Über Vorgesetzte 164
Über das Walrecht 167
Über Werbung 170
Über :-) 173

Warum der Titel die halbe Miete ist

Mir ist ein Trend aufgefallen. Seit Jahren kommt ein Buch nach dem anderen auf den Markt, das im Titel das Wort »Anleitung« führt. In jüngerer Zeit sind unter anderem erschienen: *Anleitung zum Unschuldigsein, Anleitung zum Männlichsein, Anleitung zum Alleinsein, Anleitung zum Zukunfts-Optimismus, Anleitung zur sexuellen Unzufriedenheit, Anleitung zum Mächtigsein, Anleitung zum Misserfolg, Anleitung zum Philosophieren, Anleitung zum erotischen Fesseln, Anleitung zum Dickwerden, Anleitung zum Müßiggang, Anleitung zum Jagdhornblasen, Anleitung zum Zickigsein, Anleitung zum Faulsein, Anleitung zum Flechten mit Weiden, Anleitung zum Selbstbetrug* sowie die *Anleitung zum Leben als Bodhisattva.*

Diese Anleitungsbücher sind zum Teil von bekannten Autoren verfasst worden, ein paar von ihnen sind Bestseller. Einige sind vermutlich gut, andere nicht.

Das erste Anleitungsbuch, quasi die Anleitung zur Verfertigung von Anleitungstiteln, stammt, wenn ich nicht irre, von Paul Watzlawick. Es heißt *Anleitung zum Unglücklichsein.*

Ein nicht geringer Teil der Anleitungstitel ist ironisch gemeint, weil sie zu etwas anzuleiten vorgeben, worauf normalerweise kein Mensch Wert legt (Unglücklichsein, Misserfolg). Eine zweite Gruppe meint es mit dem Anleiten wahrscheinlich ernst (Flechten mit Weiden, sexuelles Fesseln). Die dritte Sorte von Titeln schillert in ihrer Aussage, denn das Faulsein oder der Selbstbetrug haben, nach meiner Lebenserfahrung, sowohl Licht- als auch Schattenseiten, man kann beides, je nachdem, wie man gestrickt ist, verdammen oder verteidigen. Ähnliches gilt für das Jagdhornblasen. In Untergruppe vier würde ich jene Anleitungsbücher einsortieren, die zu etwas anzuleiten vorgeben, was sich eigentlich gar nicht lernen lässt, zum Beispiel Unschuldigsein. Dies ist ebenfalls Ironie, aber eine andere Art von Ironie als bei Gruppe eins.

Vor einiger Zeit musste ich mit Verlagsleuten über einen Buchtitel diskutieren. Jemand sagte: »Bei einem Buch ist der Titel die halbe Miete.« Da schlug ich spontan als Titel vor: *Der Titel ist die halbe Miete.* Die Verlagsleute meinten, so eine Art von Ironie würde nicht verstanden werden. Wenn das Buch aber tatsächlich unter diesem Titel herauskommt und ein Erfolg wird, dann werden sehr bald Bücher erscheinen, die *Der Titel zumindest ist schon mal ziemlich geil* heißen oder *Buch ohne Titel, aber mit umso interessanterem Text.*

Andererseits wird nicht jeder Bestsellertitel kopiert. Nach *Der Schwarm* ist ja keineswegs ein Roman herausgekommen, welcher *Das Rudel* hieß, auf *Das Parfum* ist nicht *Das Shampoo* gefolgt. Susanne Fröhlich aber hat an ihr Gewichtsproblembuch *Moppel-ich* sogleich das Faltenproblembuch *Runzel-ich* drangehängt, als Nächstes dürften das Gehproblembuch *Wackel-ich* und das Vergesslichkeitsbuch *Schussel-ich* herauskommen.

Da habe ich begriffen, dass es sich, damit man sie kopieren kann, bei der Titelidee um ein klares, einfaches Prinzip handeln muss. Den größten Ehrgeiz bei der Titelfindung haben bekanntlich die Friseure, das Schreiben über drollige Friseurnamen wie »Haarem« oder »Mata Haari« ist fast schon ein eigenes journalistisches Genre. Folgende Friseurnamen habe ich persönlich erfunden und erhebe Copyright: »Haarmageddon«, »Haary, hol schon mal den Wagen«, »Haarminia Bielefeld«, »Haarabische Liga« sowie speziell für den Salon von Susanne Fröhlich: »Zottel-ich«. Mehr davon finden Sie in meinem Bestseller *Anleitung zum Friseurnamenerfinden.*

Über Aphorismen

Für die Zugfahrt zur Documenta hatte ich ein Buch des neuerdings bei Intellektuellen hoch angesehenen, christlich-konservativen Denkers Nicolás Gómez Dávila gekauft. Es handelt sich um christlich-konservative Aphorismen.

»In demokratischen Epochen verbringt alles Überlegene die Zeit damit, sich zu entschuldigen.«

»Das Kunstwerk ist ein Pakt mit Gott.«

So gehen Aphorismen von Dávila. Nun einige Aphorismen aus meiner Produktion.

Der Irrtum der Konservativen besteht darin, dass man Hochmut nicht essen kann.

Der Sozialist glaubt an den Fortschritt. Der Konservative glaubt an handgenähte Maßschuhe.

Gute Kunst drückt komplizierte Gedanken auf einfache Weise aus. Schlechte Kunst drückt einfache Gedanken auf komplizierte Weise aus.

Bei der Documenta traf ich dann zufällig Kurt Beck. Er machte einen Rundgang, hinterher sagte er in ein Mikrofon: »Ich habe mir diese Dichte an Eindrücken so nicht vorgestellt.«

Er war erstaunlich dünn. Angeblich ist Kurt Beck im Urlaub 80 Kilometer am Tag Rad gefahren. Wie Scharping.

Schon wieder ein SPD-Vorsitzender, der exzessiv Rad fährt und den die Partei killt.

Radfahren ist der Extremismus der linken Mitte. In der Halle, die Kurt Beck besichtigt hatte, waren Fotos einer älteren Dame zu sehen, Jo Spence, sie fotografiert häufig sich selber mit nackten Brüsten, auf eine ihrer Brüste hatte sie geschrieben: »Eigentum von Jo Spence.« Ein einfacher Gedanke, einfach ausgedrückt. Daneben standen etwa ein Dutzend E-Gitarren auf dem Boden, die abwechselnd einen Akkord spielten, immer den gleichen. Ein Mann fragte seinen Begleiter: »Da brauchst du viel Platz. Wer kauft so etwas?« Der andere Mann, ein Galerist, erklärte, es gäbe zwei Sorten Kunst, erstens Kunst für den Privatverbrauch, zweitens Museumskunst. Früher hätten die Museen aus der Gesamtmasse der Kunst herausgekauft, was als besonders gut oder typisch galt, heute würden viele Künstler direkt fürs Museum produzieren, zum Beispiel dieser Typ mit den Gitarren. Weil die meisten Museen immer geringere Anschaffungsetats hätten, sei die Museumskunst in der Krise und würde vielleicht sogar wieder verschwinden.

Ich bemerkte, dass die meisten Kunstwerke der Documenta darauf abzielten, einen Denkanstoß zu geben. Das Problem bei Denkanstößen besteht darin, dass sie nur ein Mal funktionieren, wie Chinakracher. Sobald man kapiert hat, was das Werk sagen will, kann man es abhaken.

Es gibt drei Arten von Kunst. Vieldeutige Kunst, dekorative Kunst und schlechte Kunst.

Auffällig war ein Maler, der riesige Bilder herstellte, auf denen jede Person, unabhängig von ihrem Geschlecht, einen erigierten Penis besaß, in Rot oder Lila. Die Personen taten so dies oder das, ihre Penisse waren ausnahmslos damit befasst, zu ejakulieren. Auf einem Bild war die Jungfrau Maria zu sehen, selbstverständlich ebenfalls mit einem ejakulierenden Penis versehen.

Die provokative Kunst ist ebenso gedankenarm wie die röhrenden Hirsche, die es früher im Kaufhaus gab.

Ich schaute, wie der Maler hieß. Manno, der hieß ebenfalls Davila! Juan Davila! Ich habe mir sofort ein Familiendrama vorgestellt. Der alte, elitäre Dávila schnarrt »Das Kunstwerk ist ein Pakt mit Gott«, woraufhin der junge, provokative Davila sofort lila Penisse an alle Heiligenbildchen seines Vaters malt.

Juan Davilas Kunst ist ein Pakt mit dem Penis.

Ich dachte, wenn es so ist, dann verzeihe ich der von ihrem Schöpfer mit zwei Furien unserer tragischen Gegenwart geschlagenen Familie Davila fürs Erste, aber dem Kurt Beck, dem verzeihe ich nicht, denn die Zahl »80 Kilometer am Tag« war garantiert übertrieben.

Über Berlin

Bei uns in Berlin ist schon wieder eine neue Institution gegründet worden, der oder das Berlin-Board. Diese neue Institution soll eine Werbekampagne dirigieren, welche demnächst weltweit losbrechen wird. Überall in der Welt, von Feuerland bis Santa Fu, sollen die Menschen erfahren, wie geil Berlin ist.

Ich verstehe das nicht. Brad Pitt und Angelina Jolie sind doch auch ohne Werbekampagne nach Berlin gekommen, angeblich wollten sie sogar hierherziehen. Aber das reicht offenbar nicht. Sie wollen auch Liz Taylor. Bis auf Weiteres kostet die Maßnahme »Liz Taylor soll nach Berlin ziehen« Berlin fünf Millionen Euro im Jahr. Dem Gremium gehören unter anderem der Vorstandschef von Bayer, die Chefin des Fernsehsenders MTV und der Bundesvorsitzende der Jusos an sowie Frank Schirrmacher und ein Genforscher namens Thomas Tuschl.

Die erste Aufgabe des Berlin-Boards besteht darin, einen neuen Werbespruch für Berlin zu finden, oder ein Branding. Der Regierende Bürgermeister sagt lieber Branding, eine unbewusste Hommage an seinen Vorgänger Willy Brandt. Es gibt bereits einen Arbeitstitel für das Branding und zwar »City of Change«, was man in der anglophonen

Welt, je nach Situation und soziokulturellem Hintergrund, mit »Stadt des Geldwechselns«, »Stadt des Kleingelds«, »Stadt der Veränderung« oder »Stadt des Sich-dauernd-Umziehens« übersetzt. Das Sich-dauernd-Umziehen, würde ich spontan sagen, ist nicht jedermanns Sache. Kleingeld findet jeder gut. Aber gerade an Kleingeld fehlt es in Berlin doch immer!

Der Bürgermeister jedenfalls hat gesagt, dass in der weltweiten Kampagne generell die Stärken von Berlin herausgestellt werden sollen. Es wäre seiner Ansicht nach unklug von dem Board, die Schwächen Berlins herauszustellen.

Jetzt besteht aber das Problem, dass man erst einmal herausfinden muss, was überhaupt als Stärke von Berlin in der Welt wahrgenommen wird. Wenn es zum Beispiel, was meiner laienhaften Erfahrung nach bei der Jugend der Welt gar nicht so selten der Fall ist, heißen würde, »in Berlin ist die Rum-Cola billig, die Bullen sind überfordert und es gibt keine Sperrstunde«, dann könnte der Slogan theoretisch »City of Hangover« heißen – das aber stößt, abgesehen von der Verwechslungsgefahr mit Hannover, natürlich auch wieder Menschen ab.

Deswegen haben sie eine Werbeagentur damit beauftragt, überall in der Welt das Image von Berlin zu erforschen und es dann dem Berlin-Board mitzuteilen. Wie man das erforscht, weiß ich auch nicht. Interessanterweise stand in der Zeitung direkt neben dem Artikel über das Berlin-Board eine Meldung über das Sankt-Hedwigs-Krankenhaus in Berlin, wo sie 47 Patienten ihre künstlichen Kniegelenke falsch eingesetzt haben. Wenn man ein Kniegelenk falsch herum trägt, tritt man sich jedes Mal, wenn man einen

Schritt tun möchte, in den Po. Das wäre ja für Liz Taylor ein Albtraum.

Sie hatten aber die Gelenke erstaunlicherweise richtig herum eingesetzt, nur hatten sie vergessen, die Gelenke am restlichen Bein zu befestigen, sodass bei den 47 Patienten das neue künstliche Kniegelenk im Bein herumschlackerte wie eine Flipperkugel. Das Einsetzen von künstlichen Kniegelenken gehört offenbar eher zu den Schwächen von Berlin und wird in der weltweiten Kampagne »Liz Taylor soll nach Berlin ziehen« folglich nicht herausgestellt werden. Eine Werbekampagne, die vorher nicht gründlich durchdacht worden ist, bringt nämlich nichts.

Über Bücher

Früher waren Bücher für mich ein Statussymbol. Ich dachte: »Wer meine Wohnung betritt, erkennt sofort, dass er es mit einem gebildeten Menschen zu tun hat, einem Menschen, mit dem eine nähere Bekanntschaft intellektuell lohnt.« Heute kommt mir das albern vor. Meine Persönlichkeit kann ich doch auch anders rüberbringen. Man braucht nicht so viele Bücher. Das, was man wirklich braucht, ist Platz.

Gut, an ein paar Büchern hängt man. Ein paar Romane findet man so gut, dass man sie Freunden leihweise aufdrängt. Aber normalerweise liest man einen Roman, auch einen guten, kein zweites Mal. Ich habe beschlossen, dass meine Wohnung nicht wie eine Bibliothek aussehen soll.

In meiner Wohnung stehen zurzeit etwa 2000 Bücher. Das ist, glaube ich, relativ wenig für jemanden mit meinem Beruf. Ich hatte mal mehr, ich habe viel verschenkt oder weggeworfen oder sogar verbrannt. Pro Jahr lese ich etwa 80 Bücher, normalerweise eines pro Woche, im Urlaub eines am Tag. Dazu kommen Nachschlagewerke et cetera, pro Jahr wächst der Bücherbestand um mindestens 100.

Seit einiger Zeit überlege ich mir bei jedem Buch nach der Lektüre, ob ich es wirklich, wirklich behalten möchte.

Falls dem so ist, sortiere ich dafür ein anderes aus, welches ich der Stadtbibliothek stifte oder, falls es zu zerfleddert ist, irgendwo liegen lasse. Ich schenke meinen kleinen zerfledderten Freunden die Freiheit. Vielleicht finden sie ein neues Herrchen beziehungsweise Frauchen.

Meine kleine Bibliothek wird, für mich, immer besser, wie eine Soße, die man einkocht. Es stehen immer weniger Autoren darin. Es finden Verdrängungswettkämpfe statt. Zuletzt habe ich für *Böse Schafe* von Katja Lange-Müller mein einziges Julia-Franck-Buch aussortiert, eine Autorin, die sicher ganz gut ist, aber mit der ich nichts anfangen kann. Ich habe den Bayern Ludwig Thoma und den Aphoristiker Dávila* weggetan, wichtig, wichtig, gewiss, aber nicht mein Ding.

Von Autoren, die ich eigentlich mag, sortiere ich weg, was ihnen in meinen Augen misslungen ist, das peinliche *Die Kluft* von Doris Lessing, von Woody Allen die *Pure Anarchie,* sterbenslangweilig, auch *Montauk* von Max Frisch kann mir gestohlen bleiben, ich bin zweimal dabei eingeschlafen. Für *Mobbing* von Annette Pehnt wurde *A Long Way Down* von Nick Hornby freigesetzt.

Ich werde niemals mehr ein zusätzliches Bücherregal brauchen. Ich werde am Ende nur noch Bücher besitzen, von denen ich überzeugt bin. Im Moment schauen mich aus dem Regal noch zahlreiche Fremde an, eines Tages stehen dort nur noch Freunde.

Mit allen anderen Besitztümern sollte man es genauso halten. Irgendwann im Leben sollte man einen Strich ziehen. Genug Besteck, genug Bilder, genug Bettbezüge. Neue

---

* Dazu auch: »Über Aphorismen«

Gegenstände werden nur dann aufgenommen, wenn sie sich gegen einen der Platzhalter qualifizieren, ansonsten: Annahme verweigert. Status, materieller Wert oder Angebertum dürfen keine Rolle spielen, es zählen nur Schönheit, Witz oder emotionale Werte, zum Beispiel bei Geschenken, die ruhig hässlich sein dürfen, falls sie an eine angenehme Bekanntschaft erinnern.

Auf diese Weise wird die Umgebung, in der man sich aufhält, nicht zwangsläufig schöner, aber einem immer gemäßer und angenehmer; das Leben wird also immer schöner, bis es dann eines Tages vorbei ist. Die Nachgeborenen werden bei der Sichtung des Nachlasses wissen, dass hier nichts zufällig ist, sondern alles gewollt, wie bei einem gelungenen Kunstwerk.

Über den Busen

Mir ist aufgefallen, dass einer der ältesten deutschen Popstars, Dieter Bohlen, seinen Freundinnen immer neue Namen gibt, sobald sie seine Freundinnen geworden sind. Eine Freundin hieß Nadja. Als er sie zum Weibe nahm, sprach Bohlens Stimme: »Ab heute heißt du Naddel.« Die nächste Freundin hieß Stefanie. Dieter Bohlen sagte: »Dein Name sei Estefania.« Die nächste Freundin, eine angehende Hotelfachfrau mit Abitur, hieß Fatma. Jetzt heißt sie »Karina«.

Diese Praxis, bei Antritt einer wichtigen Aufgabe in höherem Auftrag einen neuen Namen anzunehmen, gibt es sonst nur bei Päpsten.

Ich habe ein Interview mit dem Exfreund von Fatma-Karina gelesen. Der Exfreund, ein Student, hat mit Fatma-Karina, mit der er damals seit drei Jahren zusammen war, auf Mallorca Urlaub gemacht. Dort fiel in einem Klub das Auge von Dieter Bohlen, der gerade seine Trennung von Stefanie-Estefania mental verarbeitete, auf Fatma-Karina. Der Exfreund, der damals noch Freund war, dachte sich nichts dabei. Er war nicht der eifersüchtige, besitzergreifende Typ. Er gehörte eher zum Typus »neuer Mann«. In dem Interview äußert er sich auf schulmäßig feministische

Weise besorgt darüber, dass Fatma, wie sie damals noch hieß, sofort nach der Begegnung mit Dieter Bohlen ihre Ausbildungsstelle verlassen hat. Er sagt: »Fatma ist die Beste ihres Jahrgangs. In fünf Monaten wäre sie fertig gewesen. Wieso macht sie sich plötzlich so abhängig von diesem Typen? Wenn das schiefgeht, ist sie blamiert bis auf die Knochen.«

Fatma-Karina selbst sagt in Interviews, dass sie Bohlen heiraten will. Zu ihrem Exfreund soll sie gesagt haben: »Ich bin jetzt mit einem Promi zusammen.« Bohlen wird mit der Aussage zitiert, dass Fatma-Karina sich ihren Busen vergrößern lassen soll. Er bezahlt das.

Wenn ein Mann zu erkennen gibt, dass es ihm bei den Frauen auf das Äußere ankommt, dann gilt er als prollig und als Macho. Gleichzeitig ist mir keine einzige Frau bekannt, die mit einem Mann dauerhaft zusammen wäre, der status- und karrieremäßig ein bis zwei Etagen unter ihr rangiert. Solche Fälle sind extrem selten. Höchstens, dass die Frau den Mann im Laufe der Zeit karrieremäßig überholt, wie im Fall von Angela Merkel. Das geht gerade noch so. Den Männern nützt es bei den meisten Frauen wenig, wenn sie verständnisvoll und profeministisch sind wie der Student, wenn sie nett sind und ihr Charakter über jeden Zweifel erhaben. Im Gegenteil. Nette Männer mit gutem Charakter enden häufig als Sachbearbeiter. Da draußen musst du böse und hart sein, wenn du nach oben kommen möchtest.

Die Karriere ist der Busen des Mannes. Leider kann man sich die Karriere nicht in einer Klinik künstlich vergrößern lassen.

Über Carla Bruni

In Gestalt von Carla Bruni ist in der europäischen Kulturlandschaft der Frauentypus der Femme fatale wieder aufgetaucht. Eine Femme fatale ist ein weiblicher Don Juan. Die Femme fatale erobert Männer. Ihre Begründung, warum jetzt gerade dieser Mann erobert werden muss und kein anderer, findet die restliche Welt in der Regel nicht überzeugend. Die Femme fatale sagt: »Dieser Mann besitzt erotische Waffen, denen ich nicht widerstehen kann, Superwaffen.« Sie kann dann aber mit ihrer Eroberung nichts anfangen. Sie zieht sich zurück. Von den Superwaffen ist auch nicht mehr die Rede. Eine Femme fatale verhält sich zu Männern ungefähr so wie George W. Bush zum Irak.

Die Femme fatale ist ein beliebter Gegenstand der Literatur, aber es ist wenig über sie geforscht worden. Ich habe mir deshalb die Liste von Carla Brunis Liebhabern unter wissenschaftlichen Aspekten angeschaut.

Es fällt auf, dass zwischen dem jüngsten Liebhaber, Raphael Enthoven, Philosoph, Jahrgang 1977, und dem Senior, dem Schauspieler Sean Connery, 47 Jahre liegen, eine Alterslücke, in die fast genau Nicolas Sarkozy (52) hineinpasst. Interessanterweise ist kein einziger Deutscher und auch kein Schwarzer unter den von der Fachpresse genannten Liebhabern, ebenso wenig ein Chinese. Richard Dean Anderson, Schauspieler, USA, war außer mit Bruni auch einmal mit Kati Witt zusammen, dieses Faktum ist leider Carla Brunis einzige Brücke zur deutschen Kultur. Seit Jahrzehnten hat Carla Bruni offenbar im exakten Rhythmus eines olympischen Ruderbootes zwischen Franzosen, Briten und Amerikanern abgewechselt, wobei die bei Weitem häufigste Berufsgruppe Schauspieler sind (mehr als ein Drittel). Meistens hat sie einen Schauspieler genommen, danach einen Intellektuellen oder Musiker, dann wieder einen Schauspieler – *by the way*, es sind, trotz des Fehlens dunkelhäutiger Gesichter auf der Liste, immer Musiker mit einem Bezug zum schwarzen Blues, Leute wie Eric Clapton oder Mick Jagger. Unternehmer sind selten, da gibt es offenbar nur Donald Trump, der aber immerhin in einer Doku-Soap mitgespielt hat. Politiker sind auch eher die Ausnahme, wobei, nach allem, was bekannt ist, die politische Richtung des Politikers keine Rolle zu spielen scheint.

Aus alldem geht hervor, dass der Nachfolger von Nicolas Sarkozy auf keinen Fall Franzose oder Politiker sein dürfte, sondern, nahezu garantiert, Brite oder Amerikaner, dazu wahrscheinlich Schauspieler sowie abstammungsmäßig Kaukasier, und zwar – dies ist der am schwersten vorhersagbare Punkt – am ehesten im Alter von Ende fünfzig. Das von mir ermittelte heutige Durchschnittsalter aller bekannten und angeblichen Bruni-Liebhaber beträgt nämlich genau 57 Jahre. Sarkozy liegt somit etwas unter dem Durchschnitt. Da Carla Bruni mit Kevin Costner bereits in näherer Berührung gewesen sein soll, bin ich bereit, einen kleineren Betrag auf Richard Gere zu wetten und einen relativ großen Betrag darauf, dass sie, zumindest direkt nach Sarkozy, weder mit Barack Obama noch mit Horst Seehofer etwas anfängt, die beide nicht ihren Gewohnheiten entsprechen.

Ein Mensch, der über die Liebe ähnlich denkt wie Carla Bruni, ist der Berliner Playboy Rolf Eden. Diese beiden wären voraussichtlich ein harmonisches Paar, natürlich nur für ein gewisses Weilchen. Aber ausgerechnet Rolf Eden und Carla Bruni, die füreinander gemacht scheinen wie Romeo und Julia, können niemals zusammenkommen, denn er ist für sie nicht bedeutend genug, und sie ist für ihn nicht jung genug.

Im Übrigen finde ich, dass Carla Bruni so toll auch wieder nicht aussieht.

Über die christlich-jüdische Tradition

Es gibt einen Begriff, der in den letzten Jahren auffällig häufig in Reden und Artikeln auftaucht. Er lautet »christlich-jüdische Tradition«. Neuerdings steht alles Mögliche in der »christlich-jüdischen Tradition«, womöglich auch der Erste Advent.

Was für eine Tradition ist da eigentlich gemeint? In den zahlreichen Jahrhunderten, die Christen und Juden gemeinsam verbracht haben, sind die Juden, soweit bekannt ist, meistens diskriminiert worden. Sie waren Personen zweiter Klasse, von Zeit zu Zeit wurden sie totgeschlagen. Möchte sich tatsächlich jemand, der halbwegs bei Verstand ist, auf eine derartige Tradition berufen?

Es heißt dann immer, stopp, nein, wir meinen das natürlich völlig anders, und dann werden all die berühmten Künstler und Wissenschaftler jüdischen Glaubens oder jüdischer Abstammung aufgezählt, Tucholsky, Heine, Einstein, Freud. Aber solche Karrieren sind in Deutschland nur ein paar Jahrzehnte lang möglich gewesen, und sie verliefen nicht immer idyllisch. Diese Blütephase ist, aufs Ganze gesehen, eher eine Ausnahme als die Regel gewesen. Sicher, das Christentum ist aus dem Judentum heraus entstanden, es gibt Gemeinsamkeiten. Gemeinsamkeiten gibt es allerdings auch mit dem Islam, vor allem den Monotheismus. Und ist nicht auch die KPD aus der SPD heraus entstanden, und trotzdem waren sie sich immer spinnefeind? Falls es eine Tradition des friedlichen christlich-jüdischen Zusammenlebens in Deutschland gibt, dann hat diese Tradition frühestens 1945 begonnen, das heißt, es handelt sich um eine recht kurze Tradition. Man müsste sich, wenn man bei der Wahrheit bleiben wollte, nicht auf die »christlich-jüdische Tradition« berufen, sondern auf »die noch relativ kurze Phase, in der das Zusammenleben gut geklappt hat, obwohl diese Harmonie ständig von Rechtsaußen bedroht war«. Das klingt natürlich nicht halb so salbungsvoll.

Warum ist diese Phrase so beliebt? Ich habe den Verdacht, dass man sie heutzutage an genau den Stellen verwendet, an denen man früher »christliches Abendland« gesagt hätte. »Christliches Abendland« klingt in heutigen Ohren nicht mehr gut, es klingt nach Kreuzzug. Durch die Hereinnahme des Wortes »jüdisch« wird das Abendland sofort kuscheliger und defensiver, als es faktisch war, »jüdisch« steht ja fürs Verfolgtwerden und fürs Opfersein. Vor allem dem Islam wird die Fahne der christlich-jüdischen Tradition gerne entgegengehalten. Nur leben halt, ob es einem passt oder nicht, seit vielen Jahrhunderten auch Muslime in Europa, auch da gab es wechselseitige Beeinflussung, kulturelle Überschneidungen, Monotheismus, erfreuliche und unerfreuliche Begegnungen, es ist fast das Gleiche, eine Tradition, zweifellos, nur, dass man diese Tradition zurzeit in Sonntagsreden nicht gerne beschwört.

Über die deutschen Bundeskanzler

Deutschland hat acht Bundeskanzler gehabt. Dies waren, in historischer Reihenfolge, erstens ein verwittertes Großväterchen, bei dem keiner wusste, ob er den Strapazen des Amtes länger als 14 Tage gewachsen ist, zweitens ein hochsensibler Professor ohne Führungsqualitäten und ohne Basis in seiner Partei, der er, wie man inzwischen weiß, nicht mal als Mitglied angehörte, drittens ein geschwätziger und wuschiger Kompromisskandidat, viertens ein depressiver, stark trinkender Sex-Maniac, fünftens ein Besserwisser, den seine eigene Partei überhaupt nicht haben wollte, sechstens ein in seinem intellektuellen Repertoire überschaubarer, kartoffelförmiger Mensch, über den man lachte, sobald er den Mund auftat, siebtens ein prinzipienloser, selbstverliebter Macho, achtens eine Frau, von der keiner weiß, was sie will, wohin sie will, was sie denkt oder was sie als Nächstes tut.

Das sind, im Großen und Ganzen, alles ordentliche Kanzler gewesen. Keiner hat das Land ruiniert, keiner hat geputscht, keiner war so korrupt, dass es aufgefallen wäre oder hat einen Weltkrieg angefangen. Das waren, wenn man in den Geschichtsbüchern zurückblättert, alles Glücksfälle der deutschen Geschichte. Unsere Auswahlkriterien für Bundeskanzler haben sich im Eissturm der Ereignisse bestens bewährt.

Um Bundeskanzler zu werden, muss man folgende Bedingungen erfüllen. Erstens, kaum jemand darf einem diesen Job zutrauen, vor allem nicht die Leitartikler. Zweitens sollte man auch nach mindestens einem objektiven Kriterium – Charakter, Bildung, Lebenswandel, körperliche Fitness – für diese Aufgabe ungeeignet erscheinen. Drittens sollte das Volk in Meinungsumfragen die Ansicht kundtun, dass es speziell diese Person als Bundeskanzler auf keinen Fall haben will. Personen mit niedriger Popularität werden oft Kanzler, wenn sie dann aber Kanzler sind, mag das Volk sie nach einer Weile ganz gern. Leute, die bei allen beliebt sind, werden dagegen nie Kanzler, sonst würde doch seit Jahrzehnten in Deutschland Franz Beckenbauer regieren. Positive Faktoren sind dagegen Übergewicht, Stimmungsschwankungen, geschmacklose Kleidung, Probleme mit den Haaren, cholerische Anfälle, hoher Alkoholkonsum und Undurchschaubarkeit. Wer mindestens sechs dieser acht Kriterien erfüllt, sollte über einen Parteieintritt nachdenken.

Alle Leute, denen die Kanzlerschaft von den sogenannten Experten wegen ihrer Kompetenz und ihrer Aura zugetraut wurde, sind ausnahmslos nicht Kanzler geworden. Beispiele: Richard von Weizsäcker, Kurt Biedenkopf, Lothar Späth, Hans-Jochen Vogel, Björn Engholm, Johannes Rau.

Aus all diesen Gründen halte ich es durchaus für möglich, dass Kurt Beck eines Tages Kanzler wird, und habe einen Geldbetrag auf ihn gewettet.

Über die deutsche Teilung

Zurzeit bin ich dabei, ein Sommerhaus zu kaufen. Jeder Berliner Autor hat ein Sommerhaus. Früher hatten wir schon mal eines, aber es befand sich auf Pachtland, das Land wurde verkauft, und wir wurden mit dem Flammenschwert des Kapitalismus aus dem Garten Eden vertrieben.

Das neue Sommerhaus soll in schöner Landschaft liegen und über einen schönen Garten verfügen. So viel Schönheit, hoffe ich, wird automatisch auf meine Texte abfärben.

Am letzten warmen Wochenende besichtigten wir Häuser in der Uckermark. Es heißt oft: Uckermark, die deutsche Toskana. Ich dachte, deutsche Toskana, da lebe ich wild und frei wie Joschka Fischer und gehe allen auf die Nerven wie Otto Schily. Ich habe, nur so zum Spaß, »deutsche Toskana« im Computer eingegeben. Sofort stieß ich auf den Vortrag eines Bamberger Professors, Wilfried Krings. Professor Krings hat wissenschaftlich herausgefunden, dass sich mindestens zehn deutsche Landschaften, in Ost und West, offiziell als »deutsche Toskana« bezeichnen, und zwar eine Gegend bei Bamberg, das Markgräflerland in Baden, das Saaletal südlich von Halle, der Ahrkreis, Moselfranken, der Hegau, der Kraichgau, die Pfalz, ein Teil Rheinhessens sowie die Uckermark, welche sich also bestenfalls mit dem Ehrentitel »östlichste Toskana Deutschlands« schmücken dürfte. Während in der Vergangenheit deutsche Gegenden mit Bergen darin automatisch als »Schweiz« bezeichnet wurden (Sächsische Schweiz, Holsteinische Schweiz, Märkische Schweiz und so weiter), gibt es in der Gegenwart den Trend, alles Hügelige zur Toskana zu ernennen. Wenn man auf einer Deutschlandkarte gewissenhaft alle Schweizen und sämtliche Toskanen einzeichnet, stellt man fest, dass unser gesamtes Vaterland von Schweizen und Toskanen bedeckt ist. Das heißt, die Frage, ob jemand von ostdeutscher oder westdeutscher Identität ist, verliert allmählich an Bedeutung zugunsten der Frage, ob man zu den deutschen Schweizen oder den deutschen Toskanen gehört. Anders gesagt, die geistige Teilung Deutschlands steht vor einer Wende. Einige Gegenden verfügen sogar auf engstem Raum über beides, eine Toskana und eine Schweiz, zum Beispiel Rheinhessen und Franken. Irre – die »fränkische Toskana« gehört teilweise zum »Naturpark Fränkische Schweiz«! Während es in Berlin auf engstem Raum ein Ostdeutschland und ein Westdeutschland gibt, kann die Stadt Bamberg in unmittelbarer Nachbarschaft eine Toskana und eine Schweiz aufweisen. Bamberg ist das Berlin der Zukunft.

Das zu besichtigende, extrem schöne Haus gehörte einer Dame aus dem Westen. Sie sagte stolz: »Wir sind im Dorf jetzt schon sieben Westler.« Der auffälligste optische Unterschied zwischen West und Ost bestünde darin, dass die Westdeutschen ihre Häuser mit Holz restaurieren, während die Ostdeutschen lieber Kunststoff in jeder denkbaren

Form nehmen. Plastiktüren, Plastikfensterläden, Plastikzäune. Nein, Plaste, es heißt Plaste. Plaste ist offenbar das Terracotta der deutschen Toskana.

Über Deutschland

Deutschland und ich, wir beide kennen uns nun schon eine halbe Ewigkeit. Drei Dinge, die ich an Deutschland mag: die Jahreszeiten, die alten Damen in den Konditoreien, die Seen. Ich schaue Deutschland gern zu, wenn es schläft. Ich kenne natürlich auch die Macken von Deutschland, seine Pedanterie, seinen Jähzorn und seine Berliner. Deutschland sieht verdammt gut aus für sein Alter, finde ich. Defizite bestehen im charakterlichen Bereich. Ich habe mich aber daran gewöhnt, ich kann damit umgehen.

Im Großen und Ganzen behandelt Deutschland mich gut, zu viel darf man in einer Beziehung nicht erwarten. Liebe ich Deutschland, oder sind wir nur gute Freunde? Ich weiß es nicht. Bestimmte Bedürfnisse kann Deutschland mir jedenfalls nicht erfüllen, das hole ich mir anderswo. Ich verlasse Deutschland regelmäßig, um mich für ein paar Wochen in die Sonne zu legen oder um Ski zu laufen. Die deutsche Sonne und der deutsche Schnee genügen mir nicht. Hin und wieder muss ich in eine fremde Stadt fahren, nach New York, Paris, Lissabon, mit dieser Stadt habe ich dann einen Three-Nights-Stand. Am Morgen danach stelle ich fest, dass mir Deutschland besser gefällt oder dass ich mich nicht umstellen möchte, und fahre wieder heim.

Als ich im Ausland lebte, habe ich gemerkt, dass ich wie ein siamesischer Zwilling mit Deutschland zusammenhänge. Ich werde es so wenig loswerden wie meine Eltern oder mein Kind, folglich müsste ich mir selbst gleichgültig sein, damit mir Deutschland gleichgültig sein könnte, das aber käme mir absurd vor. Meine Liebe, oder was auch immer es ist, kann aber niemals unkritisch sein, so einen Fanblick wie eine 14-Jährige auf Tokio Hotel kann ich auf D. nicht haben, dazu kenne ich D. einfach zu gut. Wir beide sind uns nahe, aber wir machen uns übereinander keine Illusionen.

Neulich saßen Deutschland und ich abends bei einer Flasche Wein zusammen. D. erzählte, dass der Kulturchef des *Spiegel* ein Buch über es geschrieben habe, eine Liebeserklärung, voll Leidenschaft. D. sah beleidigt aus, ich fragte, warum. Deutschland explodierte fast vor Wut. »Er verwendet die Begriffe Patriotismus und Nationalismus wie Synonyme, dabei sind das, wie jeder weiß, zwei völlig verschiedene Dinge! Er schreibt, dass die fünfte Frau von Joschka Fischer ›Mihu‹ heißt und dass Wim Wenders einen Film namens ›Engel über Berlin‹ gedreht hat, das stimmt alles gar nicht! So ein Schlamper will mich lieben? Ausgerechnet mich?«

Ich weiß, wie pingelig D. ist. D. will die Eigennamen und die Titel von Kunstwerken und überhaupt alle Fakten immer exakt und genau haben, sonst kriegt es Pickel, es ist in dieser Hinsicht anders als Costa Rica oder Ecuador. D. ließ schluchzend den Kopf auf meine Schulter sinken, ich tröstete, ich beruhigte, ich sagte, dass ich, anders als dieser *Spiegel*-Typ, D. verstehe und seine Bedürfnisse und seine Kultur respektiere, was teilweise sicher gelogen war. Anschließend verbrachten wir eine wunderbare Nacht miteinander. Dies alles verdanke ich dem Kulturchef des *Spiegel* und seinem Buch *Wir Deutschen.*

Über den Einbürgerungstest

Auch ich hatte mit dem neuen Einbürgerungstest für Migranten gewisse Schwierigkeiten. Beispielsweise tue ich mich schwer damit, das Wappen von Nordrhein-Westfalen zu erkennen. Trotzdem bin ich voll integriert. Deshalb scheint mir das Abfragen von Bildungsgut und politischen Fakten nur sehr bedingt dazu geeignet, integrationswillige von nicht integrationswilligen Neubürgern zu unterscheiden.

So etwas wie den Einbürgerungstest lernt man auswendig und vergisst es hinterher sofort wieder, man kennt das von der theoretischen Führerscheinprüfung. Ob jemand ein guter Fahrer ist, entscheidet sich in der Praxis. Deswegen schlage ich, statt des Einbürgerungstestes, notfalls ergänzend dazu, eine praktische Deutsche-Identitäts-Prüfung vor, für alle, die einen deutschen Pass erhalten möchten.

Von den folgenden 16 Prüfungsaufgaben müssen mindestens zehn erfüllt werden:

Ein Glas Weizenbier einschenken, ohne dass Schaum überläuft.

Eine gemischte Sauna mindestens zwei Stunden lang besuchen, ersatzweise einen Nacktbadestrand.

Am Fahrkartenautomaten eine Bahnkarte Berlin-Regensburg lösen, mit Bahncard 50, einfach, mit Platzreservierung und mit Gutschrift der Bahn-Comfort-Punkte auf dem Bahn-Comfort-Konto.

Eine mindestens dreiwöchige Diät durchführen, dabei mindestens vier Kilo abnehmen.

Überzeugend darlegen, was man 1968 getan hat, oder am Tag des Tschernobyl-Unfalls, oder beim Mauerfall, oder am Tag des WM-Halbfinales von 2006.

Eine Person, die an einer Ampel bei Grün nicht sofort losfährt, oder die Überholspur blockiert, oder die vorgeschriebene Höchstgeschwindigkeit unterschreitet, so zurechtweisen, dass sie sich noch lange daran erinnert.

Mit dem Lebenspartner ein mindestens zweistündiges Gespräch über die Beziehung und die jeweiligen Ansprüche führen, am Ende zu einem konstruktiven Ergebnis kommen.

Bei einer Temperatur von weniger als 15 Grad mindestens eine Stunde in einem Gartenlokal sitzen.

Überzeugend darlegen, wieso der eigene Chef ein Depp und die Regierung unfähig ist.

Ein Wochenende lang Party machen.

Einen Yogakurs besuchen.

Ein Therapiewochenende besuchen.

Für Freunde asiatisch kochen.

Wahlweise Teilnahme an einer Fahrradtour, oder an einer Demonstration, oder an einer Abendveranstaltung in einem Swinger-Klub.

Gesanglicher Vortrag von wahlweise »We are the champions« oder »Mensch« von Herbert Grönemeyer oder »Alt wie ein Baum« von den Puhdys.

In dem Spiel »Siedler von Catan« in einer mindestens fünfköpfigen Runde mindestens den dritten Platz belegen.

Über das Fasten

Fasten gilt als in und hip, als Statussymbol. Nur Wohlhabende und Gebildete fasten. Nur reiche Menschen trinken wochenlang keinen Alkohol und meiden Süßigkeiten. Die superreiche Fraktion isst außerdem kein Fleisch. Bill Gates verzichtet wahrscheinlich auch auf Suppen und Soßen. Ich esse gar nichts.

Am ersten Tag schluckt man Glaubersalz. Das Glaubersalz bewirkt eine vollständige Entleerung des Darmes, welche sich unter Geräuschen, die an einen kalbenden Gletscher erinnern, sowie lebhaften Todesfantasien vollzieht. Man hat nach dem Glaubersalz, ähnlich wie echte Tote, keinerlei Hungergefühl mehr.

Wenn Sie mich fragen, warum ich faste, lautet die Antwort: Erfahrungshunger. Außer fasten und im Gefängnis sitzen habe ich praktisch alles erlebt, was ein bundesdeutsches Leben zu bieten hat, das meiste mehrfach. Während des Fastens trinkt man Wasser und Früchtetee, als Mittagessen Gemüsesaft. Die Rolle des Abendessens übernimmt eine geschmacksneutrale Gemüsebrühe. Den geschmacklichen Höhepunkt bildet das Frühstück, welches von einem Glas Sauerkrautsaft bestritten wird.

Ich hatte nicht darüber nachgedacht, dass man während des Fastens auch keinen Kaffee zu sich nehmen darf. Auf dem Dach meines Büros befindet sich ein 25 Meter langes Schwimmbecken, das jeden Morgen extra für mich mit Kaffee gefüllt wird und das ich bis zum Abend auszutrinken pflege. Wegen der Koffein-Entzugserscheinungen, hauptsächlich Wahnideen und Hautjucken, habe ich in den ersten Tagen fast nichts vom Fasten bemerkt. Außerdem bekam ich Fieber. Ein Kollege sagte: »Du musst gegen das Fieber anfasten.« »Gegen etwas anfasten« ist ein Fasterfachausdruck. Das Fieber blieb, obwohl ich dagegen anfastete.

Ich habe mich daran gewöhnt. Das Fieber ist mein Freund.

Man nimmt ab wie das Tier. Innerhalb einer Woche verwandelte ich mich von einem beleibten Herrn mittleren Alters in ein feingliedriges und großäugiges Geschöpf, das mich im Spiegel aus meinen um seinen knabenhaften Körper herumschlotternden Kleidern wie ein Fremder ansah. Dieses Wesen besitzt exakt das Gewicht, das ich im Alter von zwanzig hatte, kombiniert mit dem Facettenreichtum und der charakterlichen Tiefe eines Mannes meiner Jahre. Nun kommen freilich die Besserwisser und erklären: »Das nimmst du hinterher alles wieder zu. Jojo-Effekt.«

Wenn zu den Besserwissern einer sagt, du darfst einen Tag lang König der Welt sein, am nächsten Morgen aber kriegst du dein Reich wieder weggenommen, Jojo-Effekt, du verstehst, dann würden die Besserwisser trotzdem König der Welt sein wollen.

Am achten Tag versuchte ich, wieder zu essen. Einen Apfel. Der Apfel zerriss mir mit seinen scharfen Kanten beinahe die Innereien. Mein Magen ist auf die Größe einer

Erdnuss geschrumpft. Essen tut mir weh. Gestern, am elften Tag seit dem Glaubersalz, habe ich aus Pflichtbewusstsein eine halbe Kartoffel heruntergebracht, sonst nichts. Ich schrumpfe immer weiter. Ich verschwinde. Das Fieber steigt. Im Spiegel sehe ich, dass mir auf der Stirn Fühler wachsen, wie Gregor Samsa. Ich faste dagegen an.

Über das Fernsehen

Ich durfte ein Interview im Fernsehen geben. Die Moderatorin sagte: »Sie wollten ja ursprünglich Psychologie studieren, oder ...« Ich antwortete: »Nicht dass ich wüsste.«

Die Moderatorin wirkte irritiert. »Ja, aber ... Sie wollten doch Psychologe werden!« Ich sagte: »Nö, echt, das muss jemand anderes sein.« Nach dem Interview hat sich die Moderatorin auffällig knapp verabschiedet. Tage später ist mir eingefallen, dass ich in dem Buch, über das wir redeten, tatsächlich geschrieben hatte, dass ich Psychologe werden wollte, das war mir während des Interviews nur entfallen gewesen, das heißt, die Moderatorin war perfekt vorbereitet, und ich bin für sie ein Albtraum aus der Hölle gewesen. Ob ich wirklich Psychologie studieren wollte, weiß ich gar nicht mehr.

Mein Lieblingssender ist Eurosport, wo sie nachts stundenlang alte Kickboxkämpfe wiederholen. Meistens gewinnt ein 2,20 Meter großer Koreaner. Außerdem betrachte ich Quizsendungen und gelegentlich eine Talkshow, am liebsten alte Wiederholungen, bei denen die Moderatoren Schlaghosen tragen und die Hälfte der Gäste heute nicht mehr lebt. Ich erwarte vom Fernsehen nicht mehr, als es geben kann.

Das Interessante am deutschen Fernsehen besteht in der Tatsache, dass fast alle Fernsehmenschen das Fernsehen nicht mögen. Man hört so gut wie nie von einem Autor oder einem Verleger den Satz: »Die Literatur von heute ist einfach nur scheiße.« Von Fernsehmenschen hört man vergleichbare Sätze durchaus. Wenn man einen Regisseur oder Produzenten fragt, sagt er: »Wir hätten schon gute Ideen. Aber der Sender will nicht. Wenn ich dem Sender zum Beispiel den Johnny-Cash-Oscar-Sieger-Film *Walk the Line* angeboten hätte, dann hätte der Programmdirektor gesagt, sorry, so was geht nicht, der Film über das Leben von Roy Black hatte auch schon schlechte Einschaltquoten. Wenn ich dem Sender den Film *Vom Winde verweht* angeboten hätte, dann hätte der Programmdirektor gesagt, sorry, das geht nur, wenn Veronica Ferres die Hauptrolle spielt. Wenn ich aber dem Sender den Film *Harry Potter und der Orden des Phoenix* angeboten hätte, dann hätte der Programmdirektor gesagt, Filme mit Jugendlichen, die auf Besen reiten, sind schwierig zu besetzen, und sie beschreiben unsere heutige soziale Wirklichkeit nicht genau genug.«

Trifft man aber zufällig einen Menschen, der in einem Sender über Macht verfügt, so sagt dieser: »Wie gerne würde ich mal etwas völlig anderes ins Programm nehmen, was Originelles sozusagen, aber, wissen Sie, es fällt ja keinem was ein.«

Ein Regisseur hat mir gesagt, dass sie bei ARD und ZDF immer darüber klagen, dass ihr Publikum so alt sei wie die Schildkröten auf Galápagos. Sie würden irgendwie die Jugend nicht erreichen. Wenn man aber mit etwas komme, was noch nicht gesendet worden sei, also etwas Neuem, dann würde man das Argument hören: »Unser Publikum ist alt und schwach, es hat seine Gewohnheiten und kriegt einen Schlaganfall, wenn jemand anderes als Veronica Ferres die Hauptrolle spielt.« Sonderbarerweise scheint das amerikanische Publikum künstlerisch anspruchsvoller zu sein, aus Amerika kommen zum Beispiel gute Serien wie *Die Sopranos* oder *24*.

Aber ich sehe das nicht. Die meisten Fernsehleute sehen auch selten fern, sie finden das Fernsehen zu schlecht und verbieten es ihren Kindern. Meiner Ansicht nach könnte man das deutsche Fernsehen dadurch verbessern, dass man Psychoanalytiker in die Sendeanstalten schickt.

Über Gender Studies

Männer lesen weniger als Frauen. Aus diesem Grund hat auch die Stadtbibliothek von Berlin-Neukölln weit mehr Besucherinnen als Besucher. Um diesem Missstand abzuhelfen, wurde in Neukölln ein spezielles Regal für Männer eingerichtet. Auf diesem Regal waren Zeitschriften und Bücher zu finden, die Themen behandeln, bei denen erhöhtes männliches Interesse vermutet werden darf. Es handelte sich um Autozeitschriften, Sportbücher, Fitness und dergleichen. Erotisches Schrifttum war, so weit ich weiß, nicht im Angebot, stattdessen Gesundheitsratgeber, denn Männer vernachlässigen häufig ihre Gesundheit, mit den bekannten Folgen in der Sterbestatistik.

Das Neuköllner Männerregal ist ein Fehlschlag gewesen. Wie Augenzeugen berichten, haben die Männer, die in Neukölln die Bibliothek aufsuchen, sich nicht etwa begeistert auf das Männerregal gestürzt, sondern, ganz im Gegenteil, einen weiten Bogen um es herum gemacht. Ein ähnliches Verhalten legen Singvögel an den Tag, die sich weigern, ein Vogelhäuschen aufzusuchen, wenn in dem Vogelhäuschen eine Katze sitzt.

Wenn ich versuche, mich hundert Jahre weiterzudenken und mir überlege, was unsere Nachfahren später einmal an uns ein bisschen daneben finden werden, so, wie wir den preußischen Stechschritt oder die Spießermoral der Fünfzigerjahre daneben finden, fällt mir als Erstes die Gender-Theorie ein. Das Wort »Gender« bezeichnet das »soziale Geschlecht«, es steht im Gegensatz zum biologischen Geschlecht, welches in der Wissenschaft »Sex« heißt. Die Gender-Theorie besagt, dass naturbedingte Verhaltensunterschiede zwischen Männern und Frauen oder Jungen und Mädchen in Wirklichkeit nicht existieren. Das wird alles oder zumindest fast alles von der Gesellschaft gemacht. Wenn Jungen und Mädchen gleich erzogen und gleich behandelt werden, kommt am Ende das Gleiche heraus, Männer und Frauen gibt es also im Grunde gar nicht, außer vielleicht in Neukölln.

Ich finde, dass die Theologie, verglichen mit den »Gender Studies«, eine exakte Wissenschaft darstellt. Die Existenz Gottes ist immerhin möglich, während jeder Mensch, der Kinder hat oder sich oft mit Kindern befasst, schnell merkt, dass die Gender-Theorie unmöglich stimmen kann. Sie lässt sich folglich auch nicht belegen. Es ist einfach nur eine Wunschidee. Trotzdem ist Gender, laut *Frankfurter Allgemeine*, der in Deutschland am schnellsten wachsende Wissenschaftszweig. Allein in Nordrhein-Westfalen seien von 1986 bis 1999 rund 40 neue Professorenstellen geschaffen worden. Wenigstens im Gendern gehört der Wissenschaftsstandort Deutschland zur Weltspitze und hätte Chancen auf einen Nobelpreis, falls die anderen Länder mitmachen würden, was allerdings als unwahrscheinlich eingestuft werden muss. Ein riesiger und dementsprechend kostspieliger Apparat baut also auf einer Idee auf, die wissenschaftlich erst mal belegt werden müsste, und von der, behaupte ich, fast jede BesitzerIn eines gesunden Menschenverstandes weiß, dass sie nicht stimmt. Gender ist eine moderne Variante der Idee vom »neuen Menschen«, den man durch Erziehung irgendwie maßschneidern könnte. Diese Idee hat schon viel Schaden angerichtet.

Eine Expertin rief an und sagte, dass es inzwischen Gender-Theoretikerinnen gäbe, die dies nicht mehr so radikal sehen, und dass die Fragestellung als solche doch legitim sei. Gewiss. Offenbar befindet sich Gender in jener defensiven Phase, in welcher der Marxismus sich 1988 befand. Am Interessantesten dabei finde ich aber, dass wir das schöne Ideal der Emanzipation und das richtige Ziel, andere Menschensorten nicht zu diskriminieren, auf dem höchst angreifbaren Gedanken aufbauen, wir alle seien gleich. Ich finde, es kommt eher darauf an, mit Unterschieden klarzukommen als darauf, sie wegzudiskutieren.

Über Gerechtigkeit

An meinem Fenster stehen Blumentöpfe, dort wachsen Geranien. Das Fenster ist schattig, Geranien brauchen Sonne. Nunmehr, im zweiten Jahr ihrer Existenz, haben meine Geranien sich dazu entschlossen, den Naturgesetzen zu trotzen und auch ohne Sonne zu blühen. Außerdem ist die Geranie, die viele Jahre lang als die spießigste Balkonpflanze der Welt verrufen war, plötzlich wieder modern und wird als schön empfunden. Ein Sommermärchen! Die deutsche Geranie teilt in vieler Hinsicht das Schicksal der deutschen Fußball-Nationalmannschaft.

Während der Fußball-Europameisterschaft habe ich über grundsätzliche Dinge nachgedacht. Deswegen sehe ich mich in der Lage, heute eine der ältesten Fragen des Menschengeschlechts zu beantworten: Warum gibt es keine gerechte Welt?

Der Schlüssel zu dieser Frage ist im Fußballsport zu suchen. Wichtige Fußballspiele werden im Fernsehen übertragen. Jedes Foul ist genau zu sehen. Man kann sich das Foul hinterher in Zeitlupe anschauen. Es wäre folglich ein Leichtes, jedes Foul zu bestrafen. Man könnte all die lästigen Fehlurteile unterbinden, bei denen der Schiedsrichter, der sich naturgemäß hin und wieder irrt, unschuldige Spieler bestraft und extrem bösartige Subjekte, in der Regel italienische Verteidiger, davonkommen lässt. Die Spieler würden ganz sicher weniger foulen, wenn sie wüssten, dass sie immer erwischt werden. Reguläre Tore, die nicht anerkannt werden, würde es nie wieder geben. Hundertprozentige Gerechtigkeit wäre also in einem kleinen Teilbereich der Gesellschaft tatsächlich möglich.

Tatsache ist, dass die Gemeinde des Fußballsports keine Gerechtigkeit möchte. Der sogenannte Videobeweis wird von den dafür zuständigen Gremien immer wieder mehrheitlich abgelehnt. Man befürchtet, dass der Fußballsport durch die Einführung der Gerechtigkeit viel von seinem Reiz verlieren würde. Wenn wieder einmal ein extrem bösartiges Subjekt einem gegnerischen Stürmer den Wadenknochen zertrümmert, die Basilikumsehne mit seinen Zähnen zerfetzt oder das Kapselköpfchen am linken oberen Springbeinbogen pulversiert hat, damit gut gelaunt davongekommen ist und sogar das Spiel gewonnen hat, kocht regelmäßig die Erregung hoch. Dann, nach einer Weile, setzen sich die Gremien, die interessante Frauennamen wie »Uefa« oder »Fifa« tragen, innerlich abkühlt zusammen und fassen den Beschluss: Der Reiz des Fußballsports hat viel mit der straflosen Zertrümmerung von Kapselköpfchen zu tun. Klingt brutal, ist aber so.

Zu den Grundregeln des Fußballsportes gehört es, dass der Schiedsrichter die absolute Macht hat. Wenn er sich irrt, gilt sein Wort trotzdem, ähnlich wie bei Kim Sung Il in Nordkorea. Wer ihm widerspricht und dabei, was jeder Zuschauer sofort erkennt, völlig recht hat, wird wegen Meckerns bestraft. Auch diese Fußballregel hat Nordkorea übernommen. Wenn der Schiedsrichter aber eine Regel falsch auslegt oder eine Regel nicht anwendet, ist das auch egal.

Kim Sung Il könnte, beispielsweise durch einen Volksaufstand, beseitigt werden. Ein Aufstand der Spieler dagegen hat nicht die geringste Chance. Der Schiedsrichter ist keine Person, er ist ein Prinzip. Der Schiedsrichter ist also im Grunde so etwas ähnliches wie Gott. Er ist nicht direkt böse, aber gerecht ist er auch nicht gerade. Man fragt sich immer: Wenn es Gott gibt, warum lässt er schlimme Dinge zu? Nun, wahrscheinlich aus dem gleichen Grund, aus dem die Uefa den Videobeweis ablehnt. Vermutlich gibt es deswegen keine gerechte Welt, weil eine gerechte Welt viel von ihrem Reiz verlieren würde.

Über Gnade

Beim Thema RAF bin ich vielleicht deswegen ziemlich entspannt, weil ich weder ihre Zielscheibe war noch, im Gegensatz zu vielen Generationsgefährten, jemals Sympathien für diese Leute hatte. Die RAF war in den Seventies in unseren Kreisen populär, weil sie sexy gewirkt hat. Als angeblicher RAF-Sympathisant mit Guerillero-Touch kriegte man einfach viel leichter eine Freundin. Ich möchte meinem Kolumnistenkollegen Helmut Schmidt nicht zu nahe treten, aber Andreas Baader war bei den meisten Frauen an der Uni beliebter als er, obwohl selbst diese Frauen insgeheim wussten, dass ein Leben unter einer Regierung Schmidt weitaus angenehmer ist als ein Leben unter einer Regierung Baader es wäre. Aber das war nicht die Frage, um die es ging. Deswegen haben sich vermutlich Tausende von jungen Akademikern, die heimlich Schmidt gut fanden und heute FDP wählen, zeitweise als Baader-Sympathisanten ausgegeben.

Es ging doch aber um Mord! So locker darf man nicht über die RAF reden! Interessanterweise ist einer der führenden Salonlöwen der Seventies und ein echter Medienliebling dieser Zeit Albert Speer gewesen, NS-Rüstungsminister, der seine Strafe 1966 abgesessen hatte und bei dem es um Mord in noch viel größerem Maßstab ging. Albert Speer war der Peter-Jürgen Boock der Nazis. Er hatte demonstrativ bereut, er war eine Plaudertasche und kam deshalb mit einer milden Strafe davon, mit der Wahrheit hat er es, zu seinen Gunsten, nicht immer genau genommen. Aber ich möchte jemandem nicht zum Vorwurf machen, dass er lügt, um sein Leben zu retten oder eine mildere Strafe zu bekommen, fast alle würden das tun, auch ich.

In der *Süddeutschen Zeitung* stand, bezogen auf Boocks Auftritte in Talkshows, das schöne Wort »schauschämen«, Copyright: Willi Winkler. Alle geißeln sie diesen Boock. Speer wurde ja, nach der Haft, Bestsellerautor. Talkshows gab es noch nicht so viele. Aber was sollen solche Leute eigentlich tun nach der Entlassung? Wie können sie es richtig machen? Wenn sie von Hartz IV leben, heißt es, sie liegen dem Staat auf der Tasche. Wenn sie arbeiten, wird das ebenfalls angeprangert, zum Beispiel im Falle des Theaterjobs, den Christian Klar nach seiner Entlassung bekommen soll. Wenn sie schweigen, sind sie verstockt und verweigern sich dem legitimen Informationsinteresse der Öffentlichkeit. Wenn sie reden, sind sie mediengeil und vermarkten ihre Verbrechen.

Manchmal denke ich, dass ich vielleicht doch Christ bin. Den Gedanken der Barmherzigkeit finde ich gut. Jesus hat Verbrechern jedenfalls leichter verziehen als die CDU. Viele verwechseln Barmherzigkeit mit Verzeihen, mit Schönreden, mit Missachtung der Opfer oder mit Schwäche. In Wirklichkeit ist das eher ein Zeichen der Stärke. Zum Thema RAF kann ich nur sagen: Wir leben in einer Gesellschaft, deren bürgerliche Elite Albert Speer wieder in ihre Reihen aufgenommen und zum Tee eingeladen hat.

Ich kritisiere das gar nicht. Albert Speer, Mitorganisator von Auschwitz, saß 20 Jahre lang, seine vorzeitige Begnadigung scheiterte vor allem an der Sowjetunion. Die CDU hätte ihn früher freigelassen.

Über Google

Ich verstehe nicht, wieso die Journalisten Oskar Lafontaine und Gregor Gysi Vorwürfe machen. Sie seien eitel und Populisten. Fast alle Journalisten, die ich kenne, sind doch ebenfalls eitel und Populisten. Auch ich bin eitel und Populist. Prangert mich an!

Zum Beispiel googele ich gern meinen Namen und rufe »Jippieee!«, wenn ich 100 Einträge mehr habe als am Tag zuvor. Google ist die Nummer-eins-Suchmaschine im Internet. Je öfter man im Internet steht, desto wichtiger ist man.

Es gibt ein Bürospiel. Es heißt Google-Duell. Man googelt hintereinander zwei Namen und wettet vorher, welcher von beiden mehr Einträge hat. Lafontaine siegte bei mir knapp gegen Gysi mit 230 000 zu 193 000. Alice Schwarzer verlor gegen Verona Feldbusch (182 000 zu 246 000). Oliver Kahn putzte Jens Lehmann mit 822 000 zu 466 000 weg. Falls Sie jetzt selber nach- oder Probe googeln: Die Zahlen sind von Tag zu Tag ein bisschen verschieden, wie Aktienkurse. Es kommt auch darauf an, ob man den Namen in Gänsefüßchen googelt oder ohne, das sind zwei verschiedene Google-Stile, wie Kraulen und Brust beim Schwimmen. Im »Duell der Dichter mit komplizierten Doppelnamen« siegte, zu meiner nicht geringen Überraschung, Annette von Droste-Hülshoff (79 800) klar gegen Benjamin von Stuckrad-Barre (31 400). Ich war auch darüber erstaunt, dass im »Duell der Dichtgiganten« der vergleichsweise relativ stille Günter Grass den vergleichsweise relativ unstillen Martin Walser mit 396 000 zu 305 000 bezwang. Der Nobelpreis bringt offenbar 100 000 Bonuspunkte.

Eine Variante ist das »Crossover-Duell«, bei dem Kandidaten aus verschiedenen gesellschaftlichen Bereichen oder verschiedenen Zeiten ihre Kräfte messen. Angelina Jolie gewinnt gegen Leonardo da Vinci, verliert aber gegen Mozart. Der *Focus*-Chef Helmut Markwort hat 13 100 Einträge und besitzt, was mich echt wundert, gegen Meister Proper (36 600) nicht die Spur einer Chance. Ich veranstalte auch abstrakte oder literarische Duelle. Genau wie Oskar Lafontaine es immer wieder erklärt, hat bei uns »unten« (3,5 Millionen Einträge) keine Chance gegen »oben« (9,3 Millionen). Superman (3,6 Millionen) verliert gegen Batman (8,4 Millionen).

Dann habe ich Gott gegen den Teufel antreten lassen. Gott hat viermal so viele Treffer wie der Teufel. ER würde sogar gegen Superman gewinnen. Wenn es aber gegen Batman geht, verliert Gott. Klar, Batman hatte gerade einen aktuellen Film im Kino, Gott nicht.

Beim Googeln konnte ich auch immer nachsehen, wie es im Feldzug von George W. Bush gegen das Böse gerade stand. Meist führte das Böse, englisch *evil,* an diesem Tag zum Beispiel mit 27,9 zu 23,3 Millionen.

Dann habe ich angefangen, Namen von Journalistenkollegen zu googeln. Ich habe festgestellt, dass die *ZEIT*-Redakteurin Evelyn Finger, die früher diese Kolumne häufig bearbeiten musste, fast ebenso viele Google-Einträge aufwies wie der *Spiegel*-Chef Stefan Aust (22 200 zu 30 600, mit Gänsefüßchen), während ich selber, mit 11 200, nicht mal ohne Gänsefüßchen so viele Einträge habe wie Helmut Markwort. Chapeau.

Aber mein Vorrundenspiel gegen das HB-Männchen (9500) habe ich gewonnen.

Über große Gefühle

Ich habe einen Ausflug in den Spreewald gemacht. Dort, im Hafen der Spreewaldmetropole Lübbenau, suchte ich eine öffentliche Toilette auf. Dieses für Außenstehende wahrscheinlich bedeutungslose Detail meiner Biographie würde ich nicht preisgeben, wenn es keine gesellschaftliche Bedeutung hätte.

Am Eingang der Toilette saßen ein älterer Herr und eine Dame. Sie kassierten 50 Cent, im Voraus. Ähnlich wie die Preise für Energie, für Lebensmittel und für Krankenversicherung sind auch die Preise für Toilettenbesuche in den letzten Jahren stark gestiegen, womöglich sogar am stärksten, vielleicht, weil bei diesem Produkt alles zusammenkommt. Eine Toilette muss geheizt werden, die Kunden haben vorher Lebensmittel zu sich genommen, wenn sie bestimmte Krankheiten haben, dann müssen sie besonders oft kommen. Es gibt auch schon Toiletten, die 80 Cent kosten, das heißt, man kratzt an der Ein-Euro-Marke. Womöglich wird schon bald ein Toilettenbesuch in Mitteleuropa die Menschen mehr kosten als ein Liter Milch. Als Milchbauer würde mich das wütend machen. Wer es sich verkneift, bekommt für das gesparte Geld bei Ikea einen Kartoffelschäler. Hartz-IV-Empfänger können sich den Besuch einer öffentlichen Toilette praktisch nicht mehr leisten, was bedeutet dies für die Innenstädte?

Beim Betreten der Toiletten stellte ich fest, dass die Betreiber den an der Wand hängenden Becken Namen gegeben hatten. Über jedem Becken klebte ein Zettel an der Wand, auf dem in handgeschriebenen Druckbuchstaben »Dieter«, »Willi«, »Harry« oder sonst was stand. Mein Vorname war nicht vertreten, also habe ich – die Herren Rowohlt, Valérien und Belafonte bitte ich inständig um Verzeihung, lege ihnen aber gleichzeitig einen Abstecher nach Lübbenau ans Herz – »Harry« genommen. Dass jemand eine persönliche Beziehung zu einem WC-Becken besitzt oder eine solche herzustellen versucht, kam mir zunächst über alle Maßen merkwürdig vor. Während ich vor »Harry« stand, dachte ich, dass die Emotionalisierung dieser Gesellschaft allmählich krankhafte Züge annimmt. Man muss bei bestimmten Tätigkeiten doch auch mal sachlich bleiben können. Ja, sicher: In einer Welt, in der kein größeres Sportereignis mehr ohne ein so genanntes »Maskottchen« auskommt, ist es natürlich naheliegend, dass auch Toilettenbecken Namen erhalten.

Beim Verlassen des Raumes las ich auf einem Schild, dass diese Toilette über eine eigene Homepage verfügt, www.hafenklo.de. In meinem Entschluss, meinerseits auf eine Homepage zu verzichten, fühlte ich mich bestätigt. Zu Hause angekommen, besuchte ich gleichwohl sofort Hafenklo.de. »Willkommen auf den Webseiten der öffentlichen Toilette am Grossen Spreewaldhafen Lübbenau! Wir sind Ihr kompetenter Partner für die täglichen ›kleinen und großen Geschäfte‹. Gern begrüßen wir Sie auch persönlich bei uns.« Sie haben sogar Werbung, und zwar für die »Hansewoche Lübbenau«! Zum Anklicken gibt es unter anderem die Möglichkeiten »Herren«, »Damen«, »Behinderte« und »Pauschalangebote«, offenbar für Gruppen. Bei den Herren fehlen auf dem Foto noch die Namensschilder. Ich klickte »Damen« an. »Auf unserer Damentoilette stehen Ihnen insgesamt 7 WC-Boxen zur Verfügung. Dadurch ist auch bei stärkerem Andrang ein reibungsloser Ablauf gesichert.« Die wirklich recht einladenden Boxen sind ebenfalls im Bild zu sehen, ebenfalls noch namenlos, womöglich heißen sie längst »Conny«, »Bea« und »Friederike«. Auf meinen Reisen durch sämtliche Kontinente hat mir das Hafenklo von Lübbenau einen der stärksten Eindrücke hinterlassen. Deutschland ist ein faszinierendes Urlaubsland.

Über die Hölle

Am Anfang war die Erde wüst und leer. Dann schied Gott das Wasser vom Land, die Nacht vom Tage und die Katholischen von den Nicht-Katholischen. Jesus, der sich manchmal missverständlich ausdrückte, hat zu den Katholischen relativ klar gesagt, dass man getauft sein muss, um in den Himmel zu kommen. Die Taufe befreit von der Erbsünde. Personen, die im Laufe ihres Lebens neue Sünden anhäufen, landen zu Reinigungszwecken erst einmal im Fegefeuer. Jesus hat gesagt: »Wer glaubt und sich taufen lässt, wird gerettet, wer aber nicht glaubt, wird verdammt werden.«

Dies nenne ich, für seine Verhältnisse, eine klare Aussage. Als er die Religionen erschuf, ließ Gott nämlich viele Fragen offen, wahrscheinlich bewusst. Was zum Beispiel geschieht mit den Kindern, die ungetauft sterben, bevor sie überhaupt eine Gelegenheit zur Sünde hatten? Was geschieht mit all den Menschen, die ein völlig sündenfreies Leben führten, die aber gestorben sind, bevor Jesus kam und die Menschen von der Erbsünde erlöste? Die haben doch alle nichts verbrochen. Ein Gott, der Leute bestraft, die nichts verbrochen haben, wäre böse.

Die Katholischen haben erklärt, dass diese Seelen an

einem Ort landen, der Limbus heißt. Der Limbus ist eine Zweiraumwohnung, mit dem Limbus patrum für die ungetauften Erwachsenen aus der Zeit, als noch gar nicht getauft wurde, und dem Limbus puerorum für die ungetauften Kinder. Während das Fegefeuer verwaltungsmäßig zum Himmel gehört, ist der Limbus offiziell ein Teil der Hölle, die sogenannte Vorhölle.

Das heißt, so vorbildliche Gestalten wie Moses und Abraham unterstanden nach ihrem Ableben dem Teufel! Der Teufel hat sie aber nicht gequält, im Limbus wird nicht gequält. Warum der Teufel jemanden nicht quält, der seinem Gegenspieler huldigt, nun aber unter seiner Fuchtel steht, verstehe ich nicht. Der Teufel ist offenbar besser als sein Ruf. Dies scheint mir ein kompliziertes theologisches Problem darzustellen.

Jesus aber ist nach seinem Tod in den Limbus patrum hinabgestiegen und hat die Erwachsenen befreit, sodass der Limbus nunmehr aus einem leeren Zimmer sowie einem Zimmer voller ungetaufter Kinder bestand. Mir kommt das alles spanisch vor. Es ist aber die Limbustheorie immer theologisch umstritten gewesen, das heißt, man durfte daran glauben, musste aber nicht. Im April 2007 hat die Kirche den Limbus abgeschafft. Das ist eine der größten theologischen Veränderungen der letzten Jahrhunderte. Neuerdings glauben die Katholischen, dass ungetaufte Kinder direkt in den Himmel kommen.

Die Hölle wurde also umgebaut oder besser gesagt, weil es ja eine Verkleinerung ist, es fand ein Rückbau der Hölle statt. Ähnliches geschieht auf Erden, wegen des Bevölkerungsschwundes, mit den ostdeutschen Städten. Wie dies mit der päpstlichen Unfehlbarkeit in Glaubensfragen einhergeht, verstehe ich auch wieder nicht, denn unter den früheren Päpsten ist ja bestimmt der eine oder andere Limbusanhänger gewesen.

Entscheidender aber scheint mir das Faktum zu sein, dass wir heute offiziell und päpstlich abgesegnet und theologisch korrekt folgende Aussage treffen können: In der Hölle ist ein Zimmer frei.

Über Hunde

Rauchen ist praktisch verboten, beziehungsweise die Gesellschaft bewegt sich in Richtung Rauchverbot. Raucher sind eine Minderheit. Die meisten Raucher sehen inzwischen ein, dass sie die Nichtraucher nicht belästigen dürfen. Freiheit ist nicht grenzenlos! Man muss Rücksicht nehmen, man muss verzichten.

Eine Sache sehe ich allerdings nicht ein. Warum werden nicht endlich die Hunde verboten, der Straßenverschmutzer Nummer eins? Das wäre doch logisch. Auch Hundebesitzer sind eine Minderheit, welche die Mehrheit in ihrer Lebensqualität beeinträchtigt und gesundheitlich gefährdet. In einer Umfrage haben die Berliner erklärt, dass sie sich vom Hundekot stärker belästigt fühlen als von allen anderen Beeinträchtigungen, die das großstädtische Leben mit sich bringt. Hunde verschmutzen die Umwelt. Gesundheitsgefährdend sind sie, indem sie beißen. Sicher, nicht jeder Hund beißt. Aber es bekommt auch nicht jeder Raucher Krebs, erst recht nicht jeder Passivraucher.

Im Durchschnitt sterben pro Jahr in Deutschland vier Personen durch Hunde jeder Größe, auch tödliche Dackelbisse sind vorgekommen, außerdem gibt es etwa 10 000 offiziell gemeldete Verletzte, die tatsächliche Zahl wird auf 30 000 Verletzte geschätzt. Das ist eine ganze gebissene Kleinstadt. Außerdem lärmt fast jeder Hund. Ein Hund, der nicht bellt, ist ein Widerspruch in sich. Lärmschutz dagegen ist ein hoher Wert.

Die Hundebesitzer können sich auch nicht damit herausreden, dass sie Steuern zahlen. Raucher und Autobesitzer zahlen ebenfalls Steuern und werden trotzdem hart angefasst.

Ein generelles Hundeverbot wäre auch zum Besten der Hunde. Welcher Hund wird schon artgerecht gehalten? Zahlreiche Hunde sind überfüttert, leiden unter Bewegungsmangel, andere Hunde müssen auf Straßen oder in Arenen als Kampfhunde kämpfen. Der Mensch ist dem Hunde ein Wolf. Gerade der echte Hundefreund müsste also für ein Hundehaltungsverbot eintreten.

Ein paar Ausnahmen sind gewiss zulässig, bei den Rauchern und den Autofahrern gibt es ja auch Ausnahmeregelungen.

So, wie in Bars oder Einraumgaststätten geraucht werden darf und kulturhistorisch wertvolle Oldtimer trotz ihrer Abgase ein paar Kilometer pro Jahr fahren dürfen, könnte man in Berliner Randgebieten wie Lübars oder Kleinmachnow drei oder vier Hundelizenzen an ausgewählte Personen mit gutem Leumund abgeben. Ich bin auch für großzügige Übergangsregelungen. Es wäre herzlos, einer alleinstehenden älteren Dame oder einem Kind den Gefährten wegzunehmen. Am Ende stünde freilich die hundefreie Gesellschaft, ein sauberes, ruhiges und gefahrenarmes Utopia.

Da die Minderheit der Hundebesitzer nach meiner Erfahrung ein aufbrausendes Temperament besitzt, möchte ich betonen, dass es sich hierbei um meine Privatmeinung handelt, nicht die Meinung des Verlages. Aber es ist mein demokratisches Recht, für diese Reform zu werben.

Über den Internationalen Frauentag

Von allen Internationalen Frauentagen meines Lebens wird mir derjenige des Jahres 2005 wohl am nachhaltigsten in Erinnerung bleiben. Ich habe ihn in der Stadt Freiburg begangen. Morgens kaufte ich eine Zeitung. Der Leitartikel handelte vom Internationalen Frauentag. Sein wichtigster Gedanke lautete: »Emanzipation muss im Kopf stattfinden.« Die Leber ist nämlich nicht geeignet dazu, dass in ihr die Emanzipation stattfindet, denn die ist ein alter Macho und arbeitet langsamer, wenn der Chef eine Frau ist. Im Politikteil brachten sie den Artikel darüber, dass immer mehr Frauen immer ärmer werden, sowie den frauenpolitischen Aufruf von Irmingard Schewe-Gerigk, grün. Die Dritte Seite ging über Frauen in Palästina. Außerdem hatten sie Artikel über arbeitslose Frauen, über emsige Kreisrätinnen, über solidarische Frauen-Netzwerke, über die aus Anlass des Frauentages stattfindende Ausstellung *Frauen in der Europapolitik,* einen Kommentar im Lokalen sowie das Porträt einer Gleichstellungsexpertin.

Das waren zehn Artikel. Ich fand das übertrieben. An Weihnachten bringen sie, wenn's hochkommt, in der Zeitung sechs, sieben Artikel über Weihnachten, davon wird auch die frömmste Seele satt. An Ostern kommen höchstens vier Osterartikel!

Tage, die in den letzten Jahren Karriere gemacht haben:
Frauentag.
Christopher Street Day.
Valentinstag.
Welt-Aids-Tag.
Tage, die voll die *Loser* sind:
Volkstrauertag.
Sankt Martin.
Tag der Verkehrssicherheit.
Tage, die keiner kennt:
Weltseniorentag.
Internationaler Arbeitslosentag. Da könnte man in der Zeitung doch wunderbar schreiben: »Jobsuche muss im Kopf stattfinden.«

Am Tag nach dem Frauentag brachte die Zeitung mehrere Artikel darüber, wie der Frauentag gewesen ist. Dabei erfuhr ich, dass es in Freiburg drei Frauenbeauftragte gab, nämlich Cornelia Hösl-Kulike, Ursula Knöpfle und Renate Holub-Gögelein. Die drei Frauenbeauftragten kamen sich offenbar dauernd in die Quere. Jedenfalls sollte die Freiburger Gleichstellungspolitik, wie es in der Zeitung hieß, jetzt endlich klarer strukturiert werden. Ursula Knöpfle übernahm federführend die Frauenförderung. Cornelia Hösl-Kulike wurde zur Gender-Mainstreaming-Beauftragten ernannt. Alles, was übrig blieb, kriegte, wenn ich es richtig verstand, Renate Holub-Gögelein. Harald Schmidt und Stefan Raab haben übrigens so viele Witze über Doppelnamen gemacht, dass man, wenn man einen Doppelnamen hört, heutzutage nicht mehr denkt: »Lustig, lustig.«

Stattdessen denkt man: »Die arme Frau, so ein Name ist ja wie eine unüberlegte Tätowierung, zum Beispiel ›Windsurfer tun es im Stehen‹ auf der Pobacke. Kann denn nicht mal die Frauenbeauftragte kommen und sie von dem stigmatisierenden Namen befreien? Huch, sie ist es ja selber.«

Die Zeitung versuchte zu erklären, was Gender-Mainstreaming ist. Es habe damit zu tun, überkommene Rollenmuster konsequent und vollständig aufzulösen. Wenn 2015 am Freiburger Frauentag die Frauen angeduselt durch die Wälder torkeln, »We are the champions« singen und stundenlang lallend auf die Frühbeete urinieren, während am Männertag im Rathaus von dem Männerbeauftragten Eberhard Henlein-Hollertau die Ausstellung *Männer in der Europapolitik* eröffnet wird, dann hat Cornelia Hösl-Kulike einen super Job gemacht. Denn von überkommenen Rollenmustern kann dann keine Rede mehr sein.

Über das Jahr 2007

Das Jahr 2007 begann auch für mich persönlich im Januar. Im Januar bekam ich ein Strafmandat, weil ich im Auto mit dem Handy telefoniert habe. Diktiergeräte sind im Auto erlaubt. Deswegen habe ich behauptet, mein Handy sei auch zum Diktieren geeignet. Der Polizist hat gesagt, dass ich nur in ein Diktiergerät hineindiktieren darf, nicht in ein Handy hinein.

Im Februar wurden in Berlin die Osterflohmärkte verboten, das heißt, es darf an den Ostertagen keine Flohmärkte mehr geben. An Weihnachten sind Märkte erlaubt, das habe ich logisch nicht verstanden. Im März hat die Stadt Stuttgart alle Spiele verboten, bei denen mit Farbpatronen auf mich geschossen wird, das Spiel heißt »Paintball«. Außerdem darf ich seit März keine Substanzen mehr besitzen, mit denen ich mich dopen könnte, und zwar auch dann, wenn ich mich de facto überhaupt nicht dope. Das hat mir nichts ausgemacht. Im März ist es auch verboten worden, bei Flügen der Lufthansa den Gurt aufzumachen und im Flugzeug umherzugehen, dies war von allen Märzverboten für mich das unangenehmste. Ich bin selten in Stuttgart, aber ich habe diesen Bewegungsdrang.

Seit April darf ich am Telefon nicht mehr für Geldgeschäfte werben. Da lach ich doch drüber. Im Mai hieß es plötzlich überall, dass alle Computerspiele verboten werden, die einen menschenfeindlichen Hintergrund haben. Das ist aber irgendwie versandet. Außerdem habe ich im Mai erfahren, dass es ab 2010 wahrscheinlich verboten wird, tagsüber Auto zu fahren, wenn der Scheinwerfer nicht eingeschaltet ist, und zwar auch dann, wenn man wegen der gleißenden Helligkeit eine Sonnenbrille tragen muss. Dies wird ein gesamteuropäisches Verbotsprojekt, deswegen dauert es noch.

Im Juni wurde mir mitgeteilt, dass ich keine Veranstaltungen mehr besuchen darf, »die auf die Verabreichung von Alkohol an Betrunkene abzielen«. Ich muss gestehen, dass einige der unvergesslichsten Partys meines Lebens auf diesem Prinzip beruhten. Im Juli hieß es, dass ich, wenn ich eine Ziege mit der Methode des Schächtens zu schlachten beabsichtige, vorher bei der Behörde Beweise dafür erbringen muss, dass ich Jude bin. Wird das mit dem Judentum echt wieder im Pass eingetragen?

Während ich die Ziege schlachte, ist es mir seit Juli außerdem verboten, der Ziege zusätzliche Schmerzen zu bereiten, also die Ziege zu zwicken, die Ziege zu piksen oder zu necken, ich frage mich, warum ich das überhaupt tun sollte. Auch als Jude darf ich die Ziege nicht zwicken. Im August verkündete die Stadt Hannover, dass ich dort in der Nähe von Spielplätzen keinen Alkohol mehr trinken darf, auch meiner Ziege dürfte ich in Hannover keinen Alkohol einflößen. Ich darf sie in der Nähe eines Spielplatzes lediglich schlachten, in diesem Falle wäre das Judentum wieder von Nutzen.

Im September wurde es mir verboten, in Taxis zu rauchen. Im Oktober erging das Verbot an mich, Bücher über Exfreundinnen zu verfassen, in denen der Sex mit den Exfreundinnen beschrieben wird, auch dann, wenn er ziemlich gut war. Seit November darf ich in Bremen nicht mehr als Türsteher in einer Diskothek arbeiten, sofern ich vorher nicht nachgewiesen habe, dass ich die »notwendige Sachkunde« für einen Türsteher besitze, vermutlich muss ich nachweisen, dass ich den Killerinstinkt habe. Das mache ich dann vielleicht wieder mithilfe der Ziege. Außerdem hieß es im November, Apfelwein wird verboten. Das wurde widerrufen.

Fakt ist, dass ich seit Dezember auf der Reeperbahn keinen Baseball-Schläger mehr mit mir tragen darf und dass ich im Dezember den Mercedes verkaufen muss, weil ab Januar in Berlin die alten Autos verboten sind. Alles in allem war 2007 für mich ein schwieriges Jahr.

Über das Jahr 2008

Das Jahr 2008 möchte ich mit einigen Überlegungen zum Thema Sexualstrafrecht eröffnen. Erste Faustregel im Sexualstrafrecht: Alles, was zwei Erwachsene freiwillig miteinander tun und was nicht zu mindestens mittelschweren Verletzungen führt, ist aus gesetzgeberischer Sicht unbedenklich.

2008 werden in Berlin die alten Autos verboten, die einen bestimmten Rußfilter nicht besitzen, dessen Namen ich mir nicht merken kann. Deswegen versuche ich seit Wochen, den Mercedes zu verkaufen, und zwar nach Weißrussland. Man wird in Berlin zurzeit ständig von weißrussischen Autohändlern angegraben.

Mitten in diese Verkaufsanstrengungen hinein wurde ich zu einer Party eingeladen, wo mir gegenüber eine Dame aus dem Umweltministerium tanzte. Da erzählte ich, dass demnächst eine Karawane von alten Berliner Autos in Richtung Weißrussland aufbricht, um künftig ihren Ruß in die weißrussische Luft zu pumpen statt, wie bisher, in die Berliner Luft. Die Dame sagte, ja, gewiss, bezogen auf das Weltklima sei das Altautoverbot sinnlos, weil die Probleme ja lediglich aus Berlin in Richtung Dritte Welt verlagert würden. Dritte Welt? Hoffentlich liest das kein Weißrusse.

Das sei so ähnlich wie der Müllexport nach Afrika. Für das Weltklima würde es lediglich etwas bringen, wenn man die Besitzer von alten Autos enteignen und ihre Autos zwangsverschrotten würde, dies aber sei wegen des strengen deutschen Sozialismusverbotes juristisch nicht machbar.

Außerdem werden 2008 voraussichtlich die Heizpilze vor den Gaststätten, die Plastiktüten, die Wetten im Internet und die Zirkustiger verboten. Das alles befindet sich im Moment der Niederschrift dieses Textes im fortgeschrittenen Stadium der Diskussion. In San Francisco sind Plastiktüten bereits verboten. Eine Zirkusveranstaltung in einem von Heizpilzen geheizten Zelt, bei der ein Tiger auf einem alten Auto in der Manege im Kreis fährt, wobei man im Internet eine Plastiktüte darauf wetten kann, wann der Tiger von dem Autodach herunterfällt, ist demnächst fast so strafbar wie Rauschgifthandel.

Übrigens habe ich in der Zeitung gelesen, dass in der EU 70 Millionen Bürger Cannabis rauchen, das heißt, im modernen Europa gibt es etwa genauso viele Kiffer wie Deutsche ohne Migrationshintergrund. Auf Platz zwei in der Drogenhitparade folgt Koks. Europa besitzt ebenso viele regelmäßige Kokser wie Portugiesen, nämlich zwölf Millionen. Am beliebtesten ist das Koksen erstaunlicherweise nicht in Österreich, was ich wegen des Zustandes der dortigen Fußballspieler vermutet hätte, sondern in Dänemark. In Dänemark ist Alkohol so teuer geworden, dass sich Normalverdiener nur noch Kokain leisten können.

Kokain wird meist auf folgende Weise transportiert: Jemand füllt Kokain in eine Plastiktüte hinein und schluckt dann die Tüte. Das heißt, falls es gelänge, das Plastiktütenverbot weltweit durchzusetzen, hätte man mit einem

Schlag auch das Kokainproblem gelöst. In Sachsen dagegen ist es Großmüttern ab 2008 verboten, ihren, vielleicht wegen Heizpilzhandels, straffällig gewordenen Enkeln einen Geburtstagskuchen in das Gefängnis zu schicken. Der Kuchen wird nämlich, übrigens seit vielen Jahrhunderten, oft als Versteck verwendet; den sächsischen Behörden ist das jetzt aufgefallen.

Zweite Faustregel im Sexualstrafrecht: Ein legales, den Umweltstandards genügendes, ethisch einwandfreies, von den Behörden geduldetes oder sogar gefördertes Verhalten ist für den Bundesbürger von 2008 an nur noch in solchen Momenten möglich, in denen er Sexualität ausübt. Vorausgesetzt, es ist kein Zirkustiger dabei.

Über Kinderfilme

Ich bin kinderlieb. Dies ist eine meiner etwas besseren Seiten. Neulich habe ich auf den Sohn einer Bekannten aufgepasst, er ist fünf Jahre und zehn Monate alt und besucht eine Kindertagesstätte. Wir sind richtig schön ins Kino gegangen. Ich bin seit Jahren in keinem richtig schönen Kinderfilm mehr gewesen. Der Film war frei ab sechs, aber ich dachte, dass acht Wochen nicht viel ausmachen.

Der Film hieß *Keinohrhasen* und war mit Til Schweiger. In der Kritik hatte ich gelesen, dass es um einen straffällig gewordenen Journalisten geht, der in einer Kindertagesstätte Sozialarbeit verrichten muss, wo er mit einer Kindergärtnerin lustige Stoffhasen bastelt. Beim Hasenbasteln verlieben sie sich, er sagt dem Journalismus Ade und wird Kindergärtner. Ich dachte, das ist ja mal eine reizende Geschichte.

Nachdem der Film einige Minuten lief, dachte ich, irgendwas stimmt hier nicht. Der Journalist und ein Fotograf gingen mit zwei Frauen zu Bett, also zu viert, das wurde relativ realistisch gezeigt. Bei dieser Gelegenheit hat Til Schweiger die eine der beiden Frauen oral befriedigt, er machte es aber nicht gut, oder nicht richtig, sie ist jedenfalls nach einer Weile dabei eingeschlafen, dem Fotografen aber wurde schlecht, und er hat sich nackt über der anderen nackten Frau erbrochen. Es war wie *Stille Tage in Clichy*, falls Sie verstehen, was ich meine. Ich dachte, das kann doch nicht wahr sein, dieser Film kann unmöglich frei ab sechs sein, was sage ich bloß meiner Bekannten? Der Junge schaute völlig gebannt zu.

Dann traf sich Til Schweiger erneut mit den Kindergärtnerinnen und sagte, dass ihm eine Frau beim oralen Sex eingeschlafen sei, er drückte das aber anders aus, das kann ich hier nicht hinschreiben, ich kriege sowieso wieder Briefe von Lesern, die sich sittlich angefasst fühlen, aber ich kann doch auch nichts dafür, ich sage nur: frei ab sechs. Die Kindergärtnerinnen erklärten Til Schweiger daraufhin die verschiedenen Spielarten der oralen Befriedigung, und was für verschiedene Männertypen es dabei gibt, je nachdem, ob sie die Zunge bei der Befriedigungstätigkeit gerade halten wie ein Stöckchen oder mit ihr herumkreisen wie ein Quirl oder was weiß ich, ich konnte gar nicht mehr zuhören. Ich dachte die ganze Zeit, was passiert, wenn das Kind dies in seiner Kindertagesstätte nachzumachen versucht. Kinder in diesem Alter wollen immer alles nachmachen, womöglich mit der Kindergärtnerin, in dem Film waren die Frauen ja auch Kindergärtnerinnen. Dann haben die Kindergärtnerinnen gezeigt, wie man beim Sex das Becken richtig bewegt, und Til Schweiger ist mit der einen Kindergärtnerin, welche von Nora Tschirner gespielt wird, zu Bett gegangen, ohne, dass sie müde gewesen wären. Danach stand Nora Tschirner auf, setzte sich vor Til Schweiger nackt aufs Klo und erleichterte sich. Ich weiß überhaupt nicht, ob das Kind so etwas bei seinen Eltern schon mal gesehen hatte. Da gehen die Erziehungsstile ja weit auseinander. Anschließend gingen Til Schweiger und Nora Tschirner zu einem Taxistand, und Til Schweiger bot dem Taxifahrer 50 Euro an, falls er ihm, wie er es nannte, einen bläst, und Nora Tschirner darf dabei zuschauen. Da war ich mir allerdings relativ sicher, dass das Kind so etwas bei den Eltern noch nicht gesehen hatte. Der Taxifahrer hat aber zum Glück abgelehnt.

Ich habe jetzt eine schlechte Meinung von der Freiwilligen Selbstkontrolle und vom deutschen Kinderfilm. Ich war aber auch froh, dass ich wenigstens nicht in ein Weihnachtsmärchen gegangen war, weil ich mir jetzt lebhaft vorstellen kann, was der Weihnachtsmann dort mit seinen Rentieren tut. Maria und Josef und der Esel, und dann auch noch die Heiligen drei Könige mit ihren heiligen drei Zungen. Das Kind sagte, es hätte in dem Film nicht alles verstanden. Die Kinder von Til Schweiger haben in dem Film übrigens alle mitgespielt.

Über Kochen

Ich möchte zum Thema Kochen zwei Rezepte beitragen. Das erste heißt »Übericheier«, ich habe es in Wien von einem alten Psychotherapeuten gelernt. Wir benötigen zwei Eier. Das erste Ei wird gebraten, bis es durch ist. Das zweite Ei kommt nur ganz kurz in die Pfanne. Es muss noch glibberig sein. Es soll ein bisschen eklig aussehen.

Vor einigen Wochen habe ich ein Interview aus dem Bereich des Edelspeisewesens gelesen. Thema war der bretonische Steinbutt. Fernsehkoch Johann Lafer sagte, dass unter allen Steinbutten dieser Erde der bretonische Steinbutt der deliziöseste und preziöseste sei. Der Champagner unter den Plattfischen. Das Bressehuhn der Meere. Die Trüffel der Tiefe.

Bretonischer Steinbutt kostet 40 Euro das Kilogramm. Von solch einem Kilogramm muss man als Koch 50 Prozent abrechnen, denn der bretonische Steinbutt, so edel von Geblüt er auch sein mag, besitzt doch, ebenso wie der Geringste unter den Minderfischen, Kopf, Schwanz, Gräten und Eingeweide. Das heißt, netto kostet das Kilo 80 Euro. Für eine Erwachsenenportion muss man 200 Gramm Buttfleisch rechnen, dazu Beilagen. Macht 20 Euro reinen Warenwert pro Portion. Dies bedeutet, sagte Johann Lafer, dass ein Tellergericht bretonischer Steinbutt, bei branchenüblicher Kalkulation, in einem Feinedeltoprestaurant 60 Euro kosten muss, damit Gewinn hängen bleibt. 60 Euro für ein Tellergericht seien ein Preis, der selbst in der Gruppe der Schwerstverdiener nicht durchzusetzen ist.

Er serviert ihn trotzdem, mit Verlust. Der Gast will es. Jeder einzelne bretonische Butt, der unsere Grenzen überquert, schwächt folglich die deutsche Wirtschaftskraft, in Sonderheit die Kraft des Johann Lafer. Er macht, nehme ich an, mithilfe der Weinkarte dann doch einen gewissen Gewinn, denn Fisch will schwimmen.

Seit jenem Interview weiß ich ein Rezept, wie man jedem beliebigen deutschen Spitzenrestaurant den Garaus machen kann. Man braucht einen lauwarmen Reisebus, gefüllt mit einer Farce aus halb rohen Leuten. Die Leute schütten wir vorsichtig in das Restaurant hinein, sie rufen: »Bretonischer Steinbutt für alle, außerdem für jeden ein Glas stilles Mineralwasser.« Dies wäre dann das Ende von Johann Lafer.

Die Übericheier werden den Gästen serviert, die hungrig sein sollten. Es gibt nun Esser, die zuerst das appetitliche Ei essen, um ihr Mahl mit dem ekligen Ei abzurunden (»konfliktvermeidend-genussorientierter Charakter«), andere dagegen essen zuerst das eklige Ei und sparen sich das gute Ei für den Schluss auf (»aggressiv-regressive Rationalisierungstendenz«). Die dritte Partei verzichtet trotz Hungers auf Ei Nummer zwei (»paranoid-luxusfixierte Zwangsneurose«). »Sie erfahren alles über einen Menschen, wenn Sie ihm Übericheier servieren«, sagte der Psychotherapeut.

Über konservative Patrioten

Und es war immer noch Sommer. Ich war früh aufgestanden und hatte die Fünf Tibeter absolviert, gymnastische Übungen, mit deren Hilfe ich versuche, psychische Stabilität, ewige Jugend und körperliches Wohlbefinden zu Dauerbegleitern meiner irdischen Wanderschaft zu machen, danach ging ich zum Briefkasten. Er enthielt vier Briefe. Einer kam aus Las Vegas, USA. Er enthielt ein offiziell aussehendes Dokument, »Form W-915«. Das »International Bureau of Prize Information« setzte mich davon in Kenntnis, dass ich bei einer Lotterie der amerikanischen Wirtschafts-Sponsoren die Summe von 2 249 366 kanadischen Dollar gewonnen hatte. Beigefügt war eine Liste der übrigen Gewinner. Ein gewisser Josh Barker hat 1 549 000 Dollar gewonnen, Tommy Gunn 235 167 Dollar. Der einzige Gewinner, der seine Summe noch nicht erhalten habe, sei ich. Handschriftlich hatte jemand hinzugefügt:»Glückwunsch von uns allen – wir haben versucht, Sie anzurufen.« Um meine zwei Milllionen zu bekommen, müsse ich meine Adresse bestätigen und 20 Euro Gewinnbenachrichtigungsgebühr in ein beigefügtes Kuvert tun, das Kuvert solle ich an eine Adresse in England schicken, »Office of Chairman, Unit 6, Suite 116, 16 Coombend«.

Der zweite Brief trug den Absender: »Ferdinand von Bismarck, Hauptstadtbüro, Berlin-Wilmersdorf«. Er begann mit den Worten: »Sehr geehrter Herr Martenstein, ich schreibe Ihnen heute aus ernster Sorge um Deutschland.« Ich kannte Ferdinand von Bismarck bis dato nicht. »Plötzlich«, schrieb Herr von Bismarck, »erheben die Kommunisten wieder ihr Haupt. Welch Treppenwitz. Wir brauchen patriotischen Optimismus und Selbstbejahung.«

Seit Jahren, fällt mir auf, habe ich das schöne Wort »Treppenwitz« nicht mehr gehört oder gelesen. In vielen Treppenhäusern wird heimlich geraucht, erzählen sich die Raucher denn niemals einen Witz?

Im weiteren Verlauf des Briefes riet mir Ferdinand von Bismarck, künftig die Wochenzeitung *Junge Freiheit* zu beziehen, ein »Antwortblatt«, das ich bitte »retournieren« möge, sei beigefügt. »Der Linksruck verlangt von allen Patrioten den Einsatz für unser deutsches Vaterland.« Kein Wunder, dass es mit Deutschland bergab geht, dachte ich, wenn selbst konservative Patrioten aus den edelsten Geschlechtern ihrer Muttersprache nicht mehr mächtig sind. Ein Ruck kann etwas auslösen, verändern oder bewirken, ein Ruck kann verhindert oder gestoppt werden, aber ein Ruck kann doch, mangels Stimmbändern, niemals etwas verlangen. An dem Tage, an dem in unserem deutschen Vaterland die Rucke beginnen, zu sprechen und frech Forderungen zu stellen, werde ich ein Abonnement der *Jungen Freiheit* ins Auge fassen. Nun öffnete ich den dritten Brief, er kam von der Firma »Klinische Forschung Emovis«, unterzeichnet hatte ihn Dr. med. Bettina Bergtholdt.

Dr. Bergtholdt schrieb, dass sie meine Adresse bei der Firma Cebus erfahren habe, diese Firma verkaufe Postadressen für Werbezwecke. Die Firma Cebus wisse auch, wie alt ich sei. Ich gehöre seit Kurzem zu jener Altersgruppe, die besonders anfällig ist für eine Gürtelrose, eine extrem unangenehme, weitverbreitete und auch juckende Krankheit. Dr. Bergtholdt bot mir an, mich mit einem neuen, nicht zugelassenen Medikament gegen Gürtelrose zu impfen. Dafür bot sie mir 100 Euro Honorar an, plus Fahrtkosten und eine umfassende körperliche Untersuchung. Interessanterweise befindet sich die Gürtelrosenfirma in Berlin-Wilmersdorf, in unmittelbarer Nachbarschaft des Hauptstadtbüros der Familie Bismarck.

Der vierte Brief war von Karstadt.

Über Kriminalität

Ausnahmsweise muss ich diesen Platz, der mir von der Redaktion für Beobachtungen aus dem Alltag zur Verfügung gestellt wird, für eine persönliche Entschuldigung missbrauchen. Die Angelegenheit hat aber auch eine politische Bedeutung, insofern, als die Frage nach Schuld und Verantwortung unter einem ungewohnten Blickwinkel behandelt wird.

Ich habe einem anderen Menschen etwas Obszönes und Verabscheuenswertes angetan.

Am Donnerstagabend besuchte ich eine Berliner Badeanstalt mit Sauna. Menschen, die mit Themen, in denen Nacktheit eine Rolle spielt, Schwierigkeiten haben, sollten an dieser Stelle besser die Lektüre beenden.

In der Sauna habe ich bemerkt, dass ich den Schlüssel zu meinem Kleiderspind nicht mehr am Handgelenk trug. Dies hat mich in einen Zustand der Aufregung versetzt. In dem Kleiderspind befand sich meine Brieftasche, die einen größeren Geldbetrag enthielt. Ich verließ eilig die Sauna, streifte meinen Bademantel über und rannte zu meiner Badetasche. Tatsächlich befand der Spindschlüssel sich in der Tasche, ich hatte ihn nämlich überhaupt nicht um das Handgelenk herumgebunden.

Immer wieder passieren mir solche Sachen.

Beruhigt setzte ich den Saunagang fort, nach der Sauna zog ich fröhlich summend meine Badehose wieder an, ich war der zufriedenste Mensch der Welt. Zu Hause fasste ich in die Tasche des Bademantels und zog eine Badehose hervor, die meiner Badehose glich, nein, mehr noch, es war meine Badehose. Da habe ich gemerkt, dass ich, als ich zu der Badetasche rannte, meine Hose in die Manteltasche gestopft hatte, nach dem Abschluss des Saunaganges aber hatte ich, in selbstzufriedene Gedanken versunken, die Badehose eines mir fremden Menschen angezogen.

Die Hose ähnelte meiner, sie schlackerte lediglich am Po ein wenig, dies war mir schon im Bad aufgefallen. Ich hatte es darauf zurückgeführt, dass ich im Fitnessstudio gewesen bin. Bei dieser Gelegenheit fiel mir ein, dass ich einmal im Fitnessstudio falsche Schuhe angezogen und dies auch erst zu Hause bemerkt habe, die Schuhe waren teuer, neu und edel gewesen, während meine alt und lummelig waren. Ich habe die neuen Schuhe behalten.

Ich habe mir vorgestellt, wie ich reagieren würde, wenn ich aus der Sauna herauskäme und jemand hätte mir meine Badehose weggenommen. Als Erstes wird einem, wenn die Badehose fehlt, sehr wahrscheinlich klar, dass man sich in einer sozial schwierigen Situation befindet. Dann fragt man sich: Wer tut so etwas? Und warum?

Eine Badehose ist kein Wertgegenstand. Weil auf jeden Saunabesucher exakt eine Hose entfällt, müsste die Hose des Täters noch da sein, man könnte die Täterhose anziehen. In meinem Fall aber hat sich nach und nach jeder Besucher eine Hose gegriffen, es gab keine Täterhose. Es handelte sich also offenbar nicht um eine Verwechslung, sondern um Bösartigkeit und Destruktivität in ihrer reinsten Form. Man denkt, dass hinter einer Säule feixende Buben stehen, in Wirklichkeit aber treibt, wenige Meter entfernt, ein Kolumnist im Becken, mit dem Bauch nach oben, und genießt den Tragekomfort einer Hose, die ihm nicht zusteht.

Ich weiß von diesem Menschen, der, mich aus tiefstem Herzen verfluchend, ein Handtuch um die Lenden geschlungen, in der dicht bevölkerten Badeanstalt den Ausgang gesucht hat, eigentlich nur, dass er schwarze Hosen bevorzugt und ein dickeres Gesäß besitzt als ich. Das ist zu wenig, um in einer Millionenstadt nach ihm zu suchen. Falls er diese Zeilen zufällig liest und sich die Frage gestellt hat, was für Menschen es sind, die etwas so Destruktives und Gemeines tun, dann lautet die Antwort: Es sind Menschen wie ich.

Über die Krise des Feminismus

Ich stehe auf. Ich trinke Kaffee. An diesem Tag habe ich nichts zu tun, keine Verpflichtung, keinen Termin. Ich sollte etwas schreiben. Ich sollte zwei, drei Seiten vorankommen. Dieser Tag ist ideal.

Als Erstes leere ich die Spülmaschine. Als Zweites beziehe ich das Bett neu. Während ich dies tue, denke ich, dass ich auf diese Weise nur den Moment hinauszögern will, an dem ich mich hinsetze und mit dem Schreiben beginne. Es gibt eine innere Barriere, über die muss man hinüber. Man muss sich hinsetzen, muss, muss. Es klappt, wenn ich erst einmal sitze. Während ich das Bett beziehe, denke ich an die literarische Geschichte, die ich schreiben will. So eine Geschichte ist, fällt mir auf, schon oft geschrieben worden. Eigentlich sehr oft. Zu oft. Nun, es kommt immer darauf an, wie man es macht. Man muss es eben gut machen, originell.

Immer, wenn ich das Wort »originell« denke, muss ich mir eine Zigarette anzünden. Ich gehe zum Hypnotiseur, ich lasse mich hypnotisieren deswegen. Jetzt sofort, die Hypnotiseure stehen sicher im Internet. Die Ärztin hat gesagt, tun Sie's, es hilft.

Vielleicht sollte ich etwas zur Krise des Feminismus

schreiben. Ich bin doch einer der wenigen kritischen Feminismustheoretiker männlichen Geschlechts. Aber es fällt mir schwer, ich bin befangen. Ich mag Alice Schwarzer. Sie hat Humor, sie hat zu einem Buch von mir das Vorwort verfasst. Das Buch war streckenweise recht feminismuskritisch. Fidel Castro, mit dem Alice Schwarzer neulich verglichen wurde, hätte zu einem Buch, das sich streckenweise kritisch mit Kuba auseinandersetzt, vermutlich kein Vorwort beigesteuert.

Der Blick auf das Geschlechterverhältnis, auf die Männer und das ganze sexuelle Zeug hängt sehr stark davon ab, ob man mit Männern zusammenlebt, mit ihnen eine Familie gründen und Kinder großziehen und Sex haben möchte oder eben nicht. Einerseits benennt dieser Satz eine Selbstverständlichkeit, andererseits ist er ein Tabubruch. Der Satz kann sehr leicht so verstanden werden, als wolle man den Feminismus pauschal in die Ecke der Männerfeindlichkeit drängen oder zu einer Lesbensache erklären, wie es ja in Männergesprächen der schlichteren Art häufig gemacht wird.

Ich werde darüber nachdenken. Vielleicht ist etwas dran.

Wenn es in der Redaktion von *Emma* nur wenige heterosexuelle Frauen gibt, dann ist das so, als ob der *Playboy* von lauter homosexuellen Männern gemacht werden würde, klar, dass dann die Auflage stagniert. In der Liebesgeschichte, die ich schreiben will, mache ich aus dem Mann, der bisher ein bisexueller Showmaster war, einen feministischen Soziologen, die Frau ist eine alkoholkranke Lastwagenfahrerin. Nein, das ist nicht originell, das ist bemüht. Die lieben sich nicht, die gehen sich an die Gurgel. Im Lastwagen. Nun, das könnte man beschreiben. Ich brauche sowieso ein paar Actionszenen. Ich setze mich. Sitzen machen.

Im Schwimmbad ist mir aufgefallen, dass es fast keine »Arschgeweihe« mehr gibt, das sind diese Tätowierungen über dem Hintern. Ein anderes Wort gibt es dafür nicht, die Leser müssen so ein Wort schon mal aushalten. Wo sind die hin? Weggeätzt? Als Geweihdampf gen Himmel gestiegen, von Albatrossen eingeatmet? Stattdessen sieht man diese geweihartigen Muster jetzt immer häufiger an den Rückfenstern von Geländewagen. Autos mit Arschgeweih. Männliche Arschgeweihe. Die Frauen dagegen tragen immer häufiger Funkelsteine am Nabel. Wo sitzt bei einem Geländewagen der Nabel? Moment, das notiere ich. Das ist ein interessantes Phänomen.

Über Kunst

Bei einem Abendessen ist es mir wie Schuppen von den Augen gefallen. Ich saß neben einem Kollegen. Dieser Kollege war in Berlin in der Oper gewesen und hatte *Idomeneo* gesehen, eine damals hoch umstrittene Inszenierung, als deren Schluss- und Höhepunkt Mohammed auf der Bühne geköpft wurde. Er schimpfte auf die Schlussszene, die der Regisseur zu der offenbar sehr schönen Oper einfach dazuerfunden hat, die zu der restlichen Handlung passt wie die Faust aufs Auge und für die es nicht einmal Musik gibt, stumme Oper oder wieder mal ein Fall von Regie.

Wir stellten fest, dass wir beide dieses ganze moderne Theater, in dem dummdreiste Regisseure mit bis ins Detail durchdachten Stücken tun dürfen, was immer sie wollen, zutiefst verabscheuen. Regietheater ist so, als ob eine bis ins Detail durchdachte Kolumne von einem unintelligenten Redakteur redigiert werden dürfte. Niemals!

Wir stellten fest, dass wir den Nouveau Roman, die experimentelle Literatur und das dekonstruktivistische Erzählen, überkandideltes, seelenloses Zeug, bei dem keiner durchblickt, langweilig und ausgelutscht finden, übrigens auch die moderne bildende Kunst, bei der ein Künstler nur einen einzigen Einfall braucht, zum Beispiel tote Tiere in Plastik einzugießen. Und von diesem einen bescheidenen, meinetwegen halbwegs originellen Einfall, den man aber nach fünf Minuten kapiert, interpretiert und durchschaut hat, lebt er dann glücklich bis ans Ende seiner Tage. Wir stellten weiterhin fest, dass die Architekturkritik von Prinz Charles, welcher die Baukunst der letzten Jahre komplett ablehnt, nicht ganz falsch ist, und plötzlich merkte ich, dass ich in ästhetischen Fragen ein Reaktionär bin, besser gesagt, im Laufe der letzten Jahre einer wurde, dass mir dieses Eingeständnis aber schwerfällt, denn der Satz »Ich bin ein Reaktionär« kommt unsereins schwer über die Lippen.

Das Grundproblem besteht meiner Ansicht nach darin, dass man das Prinzip »Fortschritt«, welches das Prinzip unserer Gesellschaft ist und vielerorts seinen Sinn hat, einfach auf die Kunst übertragen hat. Die Wissenschaft erfindet segensreiche neue Medikamente, gut, die Wirtschaft entwickelt neue Rasierapparate, welche besser sind als die alten, auch gut, die Mode wirft neue, angeblich schönere Kleider auf den Markt, um sie zu verkaufen, soll sie. Aber die Kunst kann man eben nicht einfach so weiterentwickeln wie einen Rasierapparat, da ist das Neue nicht automatisch das Bessere, und da gibt es auch ein paar ewige handwerkliche Wahrheiten, zum Beispiel, wie man eine Geschichte erzählen muss, damit andere ihr folgen können und sie interessant finden. Wenn ein neues Hustenmittel auf den Markt kommt, muss es die Leute vom Husten besser kurieren als die anderen, alten. Ein neuer Kunststil dagegen beruft sich oft lediglich auf die Tatsache, anders zu sein, und das ist genauso ein Schwachsinn, als ob man die Geranien mit der

Blüte nach unten einpflanzt und dies zum Fortschritt im Gartenbau erklärt.

Ich bin Reaktionär, dachte ich, vor zwanzig Jahren war ich fortschrittlich, was ich aber in wieder 20 Jahren denke, wissen die Götter. Das ist das Dumme bei der Sache.

Über die künstlerische Avantgarde

In der *ZEIT* wird häufig auf Anglizismen geschimpft. Wieso beschäftigt dieses Blatt ausgerechnet einen Typen wie mich? *I am the uncrowned king of the anglicism.*

Im Mittelalter hat die deutsche Oberschicht einige hundert Jahre Lateinisch geredet, das war doch auch okay. Die deutsche Sprache ist ursprünglich ein Unterschichtphänomen gewesen, ähnlich wie heute Arschgeweih und Ballermann. Und nun macht ausgerechnet das, welthistorisch gesehen, erst kürzlich überhaupt satisfaktionsfähig gewordene Bürgertum so ein Bohei um diese Sache, statt, wie es sich bei einem korrekten und nicht allzu kurzatmigen historischen Gedächtnis gehören würde, wieder Lateinisch zu reden. Adel und Geistlichkeit haben es doch auch gekonnt. *Ad fontes, patrioti!* Ich persönlich habe das Große Latinum, meinetwegen kann es morgen losgehen, *urbi, orbi et hamburgi.*

But I love German. Goddammit, how I love this horny little language.

In den Ferien habe ich ein Buch gelesen, in dem deutsche Schriftsteller über ihre Vorbilder schrieben und über ihre Leitidee. Die Schriftstellerin Antje Rávic Strubel äußerte dort, das Wichtigste beim Schreiben sei »Misstrauen gegenüber der Sprache«.

Das halte ich, mal ganz traditionell ausgedrückt, für ein schwer danebenes Avantgardeklischee. Das ist so, als ob Liselott Linsenhoff sagte: »Das Wichtigste beim Pferdesport ist Misstrauen gegenüber dem Pferd.« Da wäre sie sicher nie Olympiasiegerin im Herumreiten geworden. Oder als ob ein Straßenfeger sagte: »Ich als moderner Straßenfeger misstraue dem Besen. Der Besen ist, bezogen auf die komplexen, vielschichtigen Straßen von heute, ein untaugliches Instrument.« In der Straße, in der so ein Avantgardist fegt, möchte ich nicht wohnen.

Die Sprache ist doch das Werkzeug. Die Sprache muss man als Schreiber doch lieben, gern mit ihr spielen und ihr vertrauen. Wenn man der Sprache misstraut, sollte man eher Pantomime werden oder Komponist.

Ich misstraue nicht der Sprache. Ich misstraue mir selbst. Denn ich habe in der Zeitung *Die Welt* einen Artikel über einen der bekanntesten avantgardistischen Komponisten gelesen, den sogenannten Nestor der Atonalität, Elliott Carter. Die Atonalen sind Musiker, die der Musik misstrauen. Carter hat angeblich erklärt, dass er seine gesamte Musik, alles, was er in den letzten 50 Jahren zusammenkomponiert hat, für scheußlich hält. »Niemand mag das hören«, sagt Carter. Er habe sein Leben verschwendet. Er schimpfte auf die Kritiker, die ihn gelobt, und auf die Dirigenten, die seinen, wie er selber es nennt, »Unsinn« dirigiert haben. Er entschuldige sich beim Publikum. Er wolle in Zukunft zum Beispiel irische Folksongs komponieren.

Das werden nicht allzu viele irische Folksongs sein. Elliott Carter, bei Redaktionsschluss noch unter den Lebenden, ist um die 100 Jahre alt. Außerdem möchte er seine gesamten avantgardistisch-atonalen Werke überarbeiten und sie mit traditionellen Melodien zum Mitsingen versehen. Daraufhin wurde er gefragt, wie er überhaupt auf diesen stilistischen Irrweg gelangen konnte. Carter sagt, seine Frau sei schuld. »Sie mochte dieses Zeug.« Er habe zu seiner Frau einfach nicht Nein sagen können und habe deswegen, aus Gutmütigkeit und Gattenliebe, 50 Jahre lang eine avantgardistische Schrulle nach der anderen komponiert. Kürzlich ist seine Frau gestorben. Diese Ehe, dachte ich beim Lesen, wäre ein Romanstoff, es dürfte aber auf keinen Fall ein avantgardistischer Roman sein.

Und, *if I may say so*, was werde ich wohl mit 100 Jahren über Anglizismen denken? Das kommt offenbar ganz auf die jeweilige Lebenspartnerin an.

Über den Magazinjournalismus

Der Chef des Ressorts Leben fragte mich im Jahre 2002: »Kannst du uns eine heitere kleine Kolumne schreiben, mein Bester?« Ich sagte: »Gib mir 3500 Zeichen, und ich schreibe euch eine Kolumne, die so geil ist, dass die läufigen Hunde die ZEIT aus den Briefkästen stehlen, und so heiß, dass man drauf Spiegeleier braten kann. Der Kolumnist Hacke in der *Süddeutschen* hat 4500, Max Goldt in der *Titanic* hat noch mehr, aber mit nur 3500 mickrigen Zeichen schreibe ich trotzdem eine der besten Kolumnen Deutschlands. Versprochen.«

Zwei Tage später rief der Chef wieder an. »Die Artdirektoren meinen, dass nur 3300 Zeichen machbar sind.« Ich sagte: »Mit 3300 wird die Kolumne nicht ganz so gut sein, aber immer noch relativ subtil, eine der besseren in Deutschland.«

Am Tag vor der ersten Kolumne rief der Chef wieder an. »Die Artdirektoren sagen, die Überschrift muss größer werden. Weißt du, Leser wollen große Überschriften. Du kriegst nur 3150 Zeichen.« Ich dachte, 3150, das wird eine passable Kolumne. Schnell! Schnörkellos! Von 2002 bis 2005 schrieb ich jede Woche 3150 Zeichen.

Im Jahre 2005 rief eine Redakteurin an, so ein junges

Ding. Wann ich Zombie endlich merken würde, dass die Kolumne seit Wochen nur noch 3050 Zeichen hat, sie hätte keine Lust mehr zu kürzen. Die Artdirektoren hätten beschlossen, dass die Kolumne luftiger gesetzt sein muss. Leser wollten Luft in den Artikeln, das wisse jeder.

Von 2005 bis 2007 schrieb ich jede Woche 3050 Zeichen. Die Kolumne wurde in Phase zwei ein bisschen unsubtiler, eine Spur eindimensionaler, aber das habe ich mit den üblichen Tricks vertuscht.

Dann hieß es, das *ZEITmagazin* kommt wieder. Ich wurde gerufen, mir saßen zwei Artdirektoren gegenüber, ein Typ und eine Frau. Die Frau sagte: »Mit 2400 Zeichen bist du noch gut bedient, Väterchen.« Der Typ betrachtete seine Fingernägel und sagte: »Das sind die Gesetze des Magazinjournalismus, mein Bester. Leser wollen Bilder, Freiraum, Illustrationen.« Ich sagte: »Morgen gehe ich in eine Fotoausstellung und fange an, die Fotos mit dem Filzstift zu überschreiben. Fotoausstellungsbesucher wollen Texte lesen, weißt du.« Die Artdirektoren haben nicht begriffen, worauf ich anspielte. Der Chef sagte: »Na gut, gebt ihm 2800.«

Wenn ich König von Deutschland wäre, würde ich den Beruf Artdirektor verbieten. Die vorhandenen Artdirektoren würden zu Friseuren oder Schlauchbootverleihern umgeschult, da dürften sie den ganzen Tag abschneiden und mit Luft aufblasen. Der Artdirektor verhält sich zur Kunst des sich schriftlich Ausdrückens wie die Klimakatastrophe zu den Gletschern der Alpen. Subtiler kann ich das mit 2800 Zeichen leider nicht ausdrücken. Dies ist nämlich Phase drei.*

---

* Einige Wochen nach der Veröffentlichung dieses Textes wurde die Kolumne auf 3500 Zeichen verlängert.

Über Mahnmale

Die Nazis haben bekanntlich die verschiedensten Personengruppen auf die verschiedensten Arten verfolgt, unterdrückt oder diskriminiert. Deshalb soll, nicht weit entfernt vom Reichstag, für eine dieser Gruppen ein weiteres Mahnmal errichtet werden. Dieses Mahnmal besitzt leider eine tragikomische Komponente. Selbstverständlich wird das Mahnmal eine Inschrift tragen, nur darf in der Inschrift der Name der verfolgten Personengruppe nicht genannt werden. Der eine Teil des betreffenden Volkes nennt sich »Sinti und Roma«, ein anderer Teil nennt sich »Zigeuner«.

Beide Gruppen erklären, dass sie den jeweils anderen Namen als diskriminierend empfinden. Die korrekte Inschrift auf dem Mahnmal müsste lauten: »Gewidmet einem Volk, von dem nicht ganz klar ist, ob es Sinti und Roma oder Zigeuner heißt.« So etwas ist in der Praxis nicht umsetzbar.

Im Tiergarten wurde außerdem ein Mahnmal für die ermordeten Homosexuellen enthüllt, es zeigt ein sich küssendes Paar. Ursprünglich waren dies zwei Männer, nun werden auf einem Monitor abwechselnd sich küssende Männer und Frauen gezeigt. Es ist allerdings so, dass die Nazis die Lesben zwar nicht gerne gesehen haben, sie haben auch ihre Zeitschriften verboten und ihre Treffpunkte geschlossen, von einer systematischen Verfolgung dieser Gruppe aber kann nicht die Rede sein. Aus sexualpsychologischen Gründen gehasst haben die Nazis nur die Schwulen, obwohl, wie sich vermutlich herumgesprochen hat, nicht wenige von ihnen selber schwul waren. Der Nationalsozialismus ist nun einmal keine rationale Veranstaltung.

Der Paragraph 175 galt nur für Männer. Zwar sind auch Lesben im KZ gequält worden, aber fast immer aus anderen Gründen, etwa, weil sie Jüdinnen waren, oder Kommunistinnen, oder weil sie, wie Elsa Conrad, öffentlich erklärten, dass Rudolf Hess der Geliebte von Adolf Hitler sei. Dafür wären auch Heterosexuelle ins KZ gekommen.

Schwieriger als für die Lesben ist die Lage für die sogenannten Asozialen oder Arbeitsscheuen gewesen, die voraussichtlich kein Mahnmal bekommen, denn diese Eigenschaft wird auch heute nicht gerne gesehen. Den Lesben ging es so ähnlich wie der Bevölkerungsgruppe der Prostituierten, wenn man unauffällig blieb, kam man durch. Die Prostituierten werden voraussichtlich auch kein Mahnmal bekommen.

Um mit einem Mahnmal gewürdigt zu werden, musst du zu einer Gruppe gehören, die heute gesellschaftlich akzeptiert wird und die eine Lobby hat. Wie sehr du damals verfolgt worden bist, scheint dagegen von zweitrangiger Bedeutung zu sein. Nicht, dass ich irgendetwas vergleichen würde, das ist ja streng verboten. Ich erlaube mir lediglich den Hinweis, dass ein Feindbild der Nazis auch die rauchenden Frauen gewesen sind.

Auf Plakaten hieß es: Eine deutsche Frau raucht nicht! Ein Mahnmal für die deutschen Raucherinnen wäre historisch durchaus begründbar. Falls denn, aus heutiger Sicht, ein solches Mahnmal wünschenswert wäre. Mehr sage ich nicht.

Über meine Homepage

Ich kann das nicht machen, verstehst du? Es geht nicht. Ich habe drei Telefone. Eins zu Hause, eines im Büro und natürlich das Handy. Moment – da ist ja noch das alte Handy. Ich weiß gar nicht, ob das noch funktioniert. Jedes Telefon hat jedenfalls eine Anrufbeantworterfunktion, eine davon habe ich abgeschaltet, bei dem anderen Telefon weiß ich nicht genau, ob der Anrufbeantworter noch geht.

Dann habe ich drei E-Mail-Adressen, oder vier, jeden Tag fließen da gurgelnd E-Mails hinein. In meinem Büro habe ich 1500 E-Mails gespeichert, ich weiß nicht, warum. Das ist einfach so passiert. Das ist wie mit Schulden. Irgendwann denkt man, wenn man Schulden hat: Mann, ich habe so viele Schulden, es bringt eh nichts mehr, etwas dagegen zu tun. Ich verdränge jetzt meine Schulden und lebe einfach weiter. So ist es auch mit mir und den 1500 E-Mails. Da fällt mir meine Lieblings-Songzeile von Prince ein: *Forever is a mighty long time.*

Von meinem Computer zu Hause versuche ich immer, die E-Mail-Adresse im Büro abzufragen, manchmal funktioniert es, manchmal nicht, es scheint mit dem Wetter zusammenzuhängen. Ein Teil der Post geht noch in die alte Wohnung, ein Teil in die neue. Das sind acht Kommunikationskanäle, die zu mir führen, und dadurch ist es nicht einfacher geworden, sondern schwieriger.

Wenn jemand mir sagt, hey, ich habe dir doch das und das geschickt, oder, hallo, was ist jetzt, dann muss ich acht Adressen checken, um zu verstehen, was gemeint ist. Ja, sicher, das geht allen so.

Ich bin noch in einer Welt aufgewachsen, wo es für jeden einen Briefkasten gab und ein Telefon, und das war's. Ich bin wie eines von diesen Tieren, die sich dem Klimawandel anpassen müssen, wie der Eisbär oder der Schwarzstorch. Wenn ich lese, dass es immer mehr Parteien gibt, jetzt fünf, und dass dadurch Mehrheitsbildungen kompliziert werden, dann lache ich, ich wäre doch froh, fünf Kommunikationskanäle, das ist doch relativ unkompliziert. Ich habe ganz vergessen, dass ich neuerdings auch E-Mails auf dem Handy empfangen kann.

Jetzt heißt es, jeder muss eine Homepage haben. Alle haben Homepages, Autoren sowieso, aber auch Kinder. Kleine Mädchen zeigen auf Homepages die Fotos von ihrem Lieblingspferd oder wie die Katze Junge gekriegt hat. Alle sagen: »Eine Homepage muss man pflegen, die Homepage will gepflegt sein.« Ich pflege schon meine Wohnung, mein Parkett, meine Pflanzen, meinen Körper, meine Beziehungen, die Katze, meine Erinnerungen, meine Vorurteile, ich pflege meine Zähne, ich nehme auch Zahnseide, aber eine Homepage pflege ich nicht auch noch, sorry, ich kann das nicht machen. Die Leute sagen, sie können ihre alten Eltern nicht pflegen – aber sie pflegen fast alle irgendwo eine Homepage, wie moralisch krank ist diese Gesellschaft eigentlich?

Dann ist mir diese verdammte Sache mit dem Bergwerk

passiert. Ich hatte den Film über das legendäre Unglück gesehen, ich erinnere mich an den Film genau. Ich habe gedacht, ich kenne mich aus, ich war unkonzentriert, oder zu selbstgewiss, ich habe in einer Kolumne geschrieben: »Das Kohlebergwerk von Lengede«. Es ist aber ein Eisenbergwerk. Jawohl, es tut mir leid. Jetzt habe ich überall E-Mails aus Lengede, Briefe aus Lengede, Anrufe aus Lengede. Auf acht Kanälen!

Wenn ich den Anrufbeantworter anschalte, höre ich: »Hier Familie Schmitt aus Lengede. Es ist ein Eisenbergwerk.« Woher haben diese Menschen meine Nummer? Muss denn jeder, wirklich jeder in Lengede die Kolumne lesen? Ich habe das nicht gewollt, ich bin da hineingeschlittert. Es ist ein Eisenbergwerk. Weiß Gott, das ist es.

Über meine Maria

Im Computer bekomme ich regelmäßig Angebote. Ein Dr. John Githongo aus Nairobi schreibt auf Englisch, er sei ehemaliger Antikorruptionsberater des kenianischen Präsidenten Mwai Kibaki. In dieser Eigenschaft habe er auf einem unter dem Regime des früheren Präsidenten Arap Moi angelegten Schmiergeldkonto eine größere Summe herrenlosen Geldes entdeckt. Diesen Betrag, genau 58,1 Millionen Dollar, wolle die kenianische Regierung nun diskret in krisensicheren europäischen Werten anlegen und suche dazu, gegen Zahlung einer angemessenen Kommission, einen Strohmann. Dem Staate Kenia sei speziell ich als vertrauenswürdiger Investor und seriöser Geschäftsmann aufgefallen. Da war ich verwirrt, als ich das gelesen habe.

Inzwischen habe ich durch Recherchen herausgefunden, dass es sich um eine neue Spielart von Kriminalität handelt. In Wirklichkeit bin ich einem Mann, der sich Dr. John Githongo nennt, als jemand aufgefallen, den man übers Ohr hauen kann. Er würde, falls ich ihm antworte, sehr bald unter einem Vorwand darum bitten, ihm Geld zu schicken. Ein anderes Angebot erreichte mich aus Osteuropa.

»Hallo!!! Du der schone und sexuelle Mann. Ich will dich besser und naher sehr erfahren. Ich habe solches Gefuhl dass du ein Mann meines Traumes sein darfst. Ich das einfache Russische die Frau. Mir 30 Jahre. Ich lebe in einer Wohnung zusammen mit der Mutti und der Vater. Ich arbeite in die Transportgesellschaft. Ich plane die Beforderung der grossen Ladungen nach ganzem Russland. Leider bei mir das kleine Gehalt. Aber fur mich das Wesentliche die Liebe und das Gluck.«

Ich habe herausgefunden, dass solche Briefe von Computerprogrammen übersetzt werden. Eigentlich finde ich die Sprache, die auf diese Weise entsteht, sehr schön. Ohne Umlaute bekommt das Deutsche so etwas Samtiges.

»Viele Manner und die Frau suchen seine Liebe und das Gluck. Meine Freundin beratete mir, nach dem Mann in Deutschland zu suchen. Sie hat den deutschen Mann verheiratet. Sie sehr glucklich jetzt. Sie haben seine Firma. Das grosse Geld und das Business. Aber das Geld bin fur mich nicht wichtig. Ich suche der gute und gute Mann. Moglich es du? Kuss Deine Maria.«

Ich antwortete so: »Dear Maria. I liked your letter, I like your style. You are a good woman. You are the woman of my dreams. I do not even need a photo. Please come to Germany. I want to send you a lot of money. But to send you money, I have to go to Switzerland, a nice little country nearby, where I have a big fat Bankkonto. The taxman took all my money in Germany, but I still have 3 million dollars in this little country called Switzerland. Please send me some Euros, my sweet Maria, so that I can go to Switzerland and make you happy. You will live in the ›Saus and Braus‹, as we say in Germany, and, much more important, you will find true love, rivers full of affection, seas of sense and sensitivity and oceans of happiness.«

Das habe ich mit einem Übersetzungsprogramm ins Russische übertragen. Man kann es im Computer auch ins Deutsche übersetzen lassen, dann entsteht in Sekundenschnelle ein samtiger Text. Dr. Githongo schrieb ich: »Most Investments in Europe are not good anymore. I am sorry, my friend, but it's true. There is only this one business left. Send your 58 Millions to Martenstein Enterprises, Berlin. They are the good, the fast and the serious. They will make Kenia a rich and happy country very soon.«

Wenn man einen Computer hat, kann man ansatzweise verstehen, was Globalisierung bedeutet.

Über mich selbst

Den Besserwisser erkennt man unter anderem daran, dass er ungefragt zu allem sofort eine Meinung hat. Den Satz »Darüber müsste ich erst einmal nachdenken« hat der Besserwisser nicht auf seiner Festplatte. Wenn du zu dem Besserwisser sagst: »Schönes Wetter heute«, dann antwortet der Besserwisser: »Letztes Jahr um diese Zeit war es aber drei Grad wärmer.« Sagst du: »Ich war an der Havel Hechte angeln«, kommt die Antwort: »Seit dem Fischsterben von 2003/2004 leben in der Havel keine Hechte mehr.« Ein Nicht-Besserwisser, der das gleiche Wissen über die Vorgänge von 2003/2004 besitzt, würde dagegen antworten: »Gibt es also doch noch Hechte in der Havel?«

Ein Gespräch mit dem Besserwisser ist unerquicklich, weil der Besserwisser immer seine eigene Großartigkeit vorführen möchte, ohne zu merken, wie sehr dies den Gesprächspartner abtörnt. Besserwissertum und Sensibilität für Gesprächssituationen schließen einander nämlich aus. Weil solche Menschen den Selbstzweifel nicht kennen, sind sie oft in Führungspositionen zu finden. Der Chef des Besserwissers hält diesen häufig für eine verwandte Seele und deshalb für hochkompetent. Die Untergebenen des Besserwissers aber rollen mit den Augen, sobald sein Name fällt.

Auf einigen Sachgebieten kennt sich fast jeder Besserwisser tatsächlich aus. Auch zu den anderen, ihm zum Teil völlig fremden Sachgebieten hat der Besserwisser jedoch immer etwas plausibel Klingendes zu sagen, auch wenn es Oberflächlichkeiten sind, die jeder echte Experte sofort als oberflächlich oder sogar falsch erkennt. Der Besserwisser vertritt seinen sogenannten Standpunkt – in Wirklichkeit lautet sein Standpunkt natürlich immer nur: »Ich bin der Größte« – mit so viel Eloquenz und Nachdruck, dass er oft überzeugender wirkt als der echte Experte.

Der Experte, der weiß, wie komplex die Dinge in Wirklichkeit häufig sind, kann den einfachen, selbstbewusst vorgetragenen Weisheiten des Besserwissers kaum etwas entgegenhalten. Er verheddert sich in windungsreichen, relativierenden Erklärungen, während der Besserwisser seine fragwürdige Weisheit in dem gleichen Ton verkündet wie einst Jahwe die Zehn Gebote.

Für die Meinung ihres Gegenübers interessieren sich Besserwisser nicht im Geringsten. Gleichzeitig ist der Besserwisser davon überzeugt, dass alle Menschen sich danach verzehren, seine Meinung zu erfahren. Es kann passieren, dass der Besserwisser auf jemanden trifft, der Romanistik im Hauptfach studiert hat und fast alle wichtigen französischen Romane des 19. Jahrhunderts im Original gelesen hat, und der Besserwisser, von Beruf, sagen wir, Jurist, hält einen halbstündigen halbwahren Vortrag über französische Literatur, wobei er erkennbar fast nichts gelesen hat und sich auch nicht nach dem Kenntnisstand seines Gegenübers erkundigt.

Als ich diesen Text jemandem zu lesen gab, sagte die betreffende Person: »Endlich mal ein wirklich ehrlicher autobiografischer Text von dir.« Da sagte ich, ja, genau, sehr gut erkannt, tatsächlich kenne ich die französische Literatur wie kaum ein Zweiter.

Die Person rollte mit den Augen. Sie sagte: »Als Schlusspointe solltest du die Information bringen, dass du selber *in persona* der größte Besserwisser und nervtötendste Oberlehrer des Universums bist.« Daraufhin sagte ich, nein, das wäre als Schlusspointe zu naheliegend, außerdem brauchen Texte dieser Art nicht zwingend eine Schlusspointe, ich mache schließlich kein Kabarett. Die Person rollte erneut mit den Augen.

Es heißt *in personam*.

Über Mode

Über Mode soll ich schreiben, aber es darf nicht mit einem
»I« anfangen, nie wieder darf ich eine Kolumne mit dem
Wort »Ich« am Anfang verfassen, auch nicht mit »Irrsinn« oder »Illegitim«, weil ein I angeblich nicht elegant
aussieht, ein I, behaupten die Artdirektoren, nein, die
ArtdirektorInnen, zerstört die Schönheit der Kolumne, eine
Kolumne, die mit einem I anfängt, ist angeblich wie Streifen mit Karos kombiniert, oder saftblaue Hose mit senfgelbem Hemd, dabei ist die Kolumne doch eine subjektive
Form, subjektiv, das kommt aus dem Lateinischen und bedeutet *ichichich*, nicht *schönschönschön*, mit anderen Worten, einem Kolumnisten das »Ich« zu verbieten, das ist, als
ob man zu einem Schwimmer geht und sagt, du, Schwimmer, Wasser kriegst du heut aber keins, Wasser schaut
nicht gut aus, Wasser steht dir auch gar nicht, Wasser ist
auch nicht mehr modern, lauf halt im Becken ein bisschen
hin und her, darfst auch mit den Armen rudern dabei, aber
Wasser, das nicht, so etwas nenne ich Geschmacksterror,
nebenbei gesagt gibt es auch Menschen, die gerade das I
mögen, schau doch mal, Isa, Ingrid, Irmgard, das Magazin da am Kiosk hat viel I, das kaufen wir, wegen seiner
Klarheit, das kommt steil und hat Kraft, phallisch, meinet-

wegen, trampelt doch ruhig auf meinem Unterbewusstsein herum, ihr Optikfreaks und Modezaren, aber auch für die Modezarenfamilie wird es eines Tages ein 1917 geben, wenn ihr versteht, von Haus aus bin ich nämlich eigentlich Historiker, ich habe eine ernsthafte wissenschaftliche Karriere aufgegeben, was habe ich unter euch eigentlich verloren?

In diesem Herbst trägt der Herr die Sätze lang und streng.

Rudolph Moshammer, Wolfgang Joop, Karl Lagerfeld, Alexander McQueen, Viktor Horsting, Rolf Snoeren ... wer in die Modebranche geht, ist seltsam. Das sind durchweg seltsame Männer. Ich sage nicht: schwul. Ich sage: seltsam. Das, was wir in unserer Zivilisation anziehen, wird von Sonderlingen entworfen, mit Zwerghunden, Perücken und Pferdeschwänzen und Solariumsfetischismus. Das sind extreme Subjekte. Wenn denen einer das I verbietet, wird er gepudert, bis er quietscht. Wulli, wulli? Kwudeldi, duddeldi, dum! Patati, patata.

An den Enden der Absätze lässt es der Herr in dieser Saison locker fallen. Es darf fransig und ein bisschen wild sein.

Als der edle König Irwin, zum grauenden Morgen hin, endlich gestorben war, zog die Elfenprinzessin Isengrund ihr heiliges Schwert, hob es an, ihre Lippen zitterten, ihr Gewand aus mit Brabanter Brokat gefütterter Sarazenerseide bauschte sich im Wind, und ein Schrei nach Rache gellte weithin über das Ilmenland. Gürtet euch, rief Isengrund von der Zinne all den Ilmen, den Igoriten und den Irrzwergen zu, die sich klagend um die Burg versammelt hatten, legt Kriegsgewänder an, tut euch den Harnisch um, sattelt und zäumt die Rösser! Wir werden in das Land Ardiror ziehen und das Verderben dorthin tragen, die Ardiroren haben nicht umsonst unseren Irwin gemeuchelt.

Dunkle Farben sind wieder hochaktuell. Wer es sich figürlich zutraut, darf ruhig einige gewagte Stilzitate einbauen, aber vergessen Sie nicht, Ironiesignale zu setzen, dann sind Sie auch bei offiziellen Anlässen auf der sicheren Seite.

I I I I I I I I I I I I I I I I I I I I I I I I I I I I I.

Auch Streifen sind, wenn sie zum gesellschaftlichen Anlass passen, in dieser Saison gestattet.

Über Moralismus

Vor einigen Wochen hatte ich darüber geschrieben, dass ich in der Sauna versehentlich einem Herrn, der augenscheinlich in der Beckenregion eine ähnliche Statur besitzt wie ich, die Badehose gestohlen habe. Das habe ich erst zu Hause gemerkt. Ein empörter Leser hat mir sinngemäß geschrieben, dass ich ein verkommenes Subjekt sei, weil ich, statt beschämt zu der Sauna zu fahren und die Badehose dort abzugeben, aus diesem Vorfall eine lustige Kolumne gebastelt habe. Statt in das *ZEITmagazin* würde jemand wie ich ins Gefängnis gehören.

Ich habe darüber nachgedacht. Ich glaube nicht, dass jemand, der eine Badehose vermisst, zur Wiederbeschaffung dieser Hose Wochen später noch einmal in der Sauna nachfragt, es sei denn, diese Badehose ist ein persönliches Erinnerungsstück von hohem emotionalem Wert, etwa die Badehose, die er einst erregt auszog, um mit Hanna-Brigitte sein erstes Kind zu zeugen, nun, danach sah mir die Badehose irgendwie nicht aus. Es war auch eine relativ teure Sauna. Ständig wird über die Wiedereinführung der Vermögenssteuer oder über eine Reichensteuer diskutiert, der Staat nimmt den Leuten, die in teure Saunen gehen, doch auch immerzu was weg, der Staat macht es mir doch vor.

Gut, ich gebe zu, mein Tun war fragwürdig. Was aber ist von einem Menschen zu halten, der Haftstrafen – ohne Bewährung! – für einen nicht vorbestraften, sozial relativ angepassten Kolumnisten fordert, nur, weil der sich mit der Badehose vertut? So jemand ist doch in einem faschistischen Staat besser aufgehoben als in einer liberalen Wochenzeitung, sag ich jetzt einfach mal. Immer wieder stelle ich fest, dass Leute, die andere bei kleinen Missetaten ertappen, daraus das Recht herleiten, ihrerseits noch größere Missetaten zu begehen. Zum Beispiel fährt jemand relativ langsam auf der Überholspur der Autobahn, was man nicht tun sollte, und ein anderer fährt mit hohem Tempo hinten auf und blinkt und hat dabei auch noch das Gefühl, im Recht zu sein. Der eine verhält sich rücksichtslos, der andere bedroht dafür sein Leben.

Ein moralisches Überlegenheitsgefühl ist als Haltung, im Alltag und in der Politik, tausendmal gefährlicher als das Bewusstsein, gelegentlich ein Tunichtgut zu sein. Deswegen versuche ich nach Kräften, dieses Bewusstsein, ein fehlbarer Mensch zu sein, bei mir lebendig zu halten. Dazu ist leider hin und wieder eine Missetat erforderlich.

Noch größer war die Erregung eines anderen Lesers nach meiner Beichte, dass ich einmal Bücher verbrannt habe, und zwar zerfledderte, inhaltlich überholte Lehrbücher der Sprachwissenschaft, die garantiert niemand mehr braucht. Wo Bücher brennen, da brennen bald auch Menschen! So heißt es immer. Bei mir in der Wohnung wird das bestimmt so bald nicht passieren. Ich finde, man muss alles im Zusammenhang sehen, auch wenn dazu gelegentlich eine gewisse geistige Anstrengung erforderlich ist. Ein fröstelnder Kolumnist, der sich an nutzlosen Büchern wärmt, ist nicht zu vergleichen mit einem Nazi, der mit einer Bücherverbrennung zur Unterdrückung und Ermordung Andersdenkender aufruft. Symbolhafte Taten – nicht alle, aber viele – können ihre Bedeutung je nach Zusammenhang verändern, aus der Militärparade wurde der Faschingsumzug. Natürlich habe ich einen Kitzel des Tabubruchs empfunden, das kann man verwerflich finden. Grundsätzlich aber glaube ich, dass ein Übermaß an Moralismus ebenso gefährlich und für ein entspanntes Zusammenleben hinderlich ist wie fast alle anderen geistigen Haltungen, die mit -ismus aufhören.

Über München

Ursprünglich ist diese Kolumne in der *ZEIT* eingeführt worden als »Kolumne mit Verbrauchertipps«. Ich fuhr also in die Stadt München, wo ich den Nebenpreis für Literatur bekommen sollte. Der Hauptpreis für Literatur ging an Wilhelm Genazino. Außerdem bekam Hape Kerkeling einen Preis und andere bekamen auch welche.

Die Autoren waren direkt neben dem Theater untergebracht, in dem die Preiszeremonie stattfand. Wir liefen in das Theater. Dort sagten uns Leute, das ginge so nicht. Wir mussten zum Hinterausgang des Theaters und nacheinander heimlich in eine sogenannte Limousine steigen, um einzeln vor dem Theater vorzufahren und über den roten Teppich zu laufen. Wir sollten alle so tun, als ob wir von sehr weit hergekommen wären.

Dann sagten Leute, wir sollten in die Garderobe und uns dort erst mal gründlich pudern lassen. In der Garderobe standen jede Menge Frauen herum, anscheinend, um zu pudern. Als sie mich sahen, riefen sie, mein Hemd sei nicht gebügelt. Das stimmte aber gar nicht. Ich hatte das Hemd selber gebügelt, persönlich. Es heißt immer, Männer sollen so etwas tun, bügeln, waschen, stopfen, wenn sie es dann tun, ist es auch wieder nicht recht. Wir leben in keiner perfekten Welt, sie ist auch büglerisch nicht perfekt.

Die Frauen sagten, ich solle mich oben herum ausziehen. Das habe ich getan, obwohl mir dabei oben herum nicht behaglich gewesen ist. Die eine Frau bügelte, die andere Frau puderte, die übrigen Frauen schauten zu. Dann zog ich das Hemd wieder an, auch die Krawatte, weil es vorher geheißen hatte, strengster Krawattenzwang. Wilhelm Genazino war trotzdem ohne Krawatte gekommen. Da habe ich mich wieder einmal über mein Anpassertum geärgert.

Jetzt sagten die Frauen, mein Krawattenknoten sei kein Windsorknoten, in München sei bei festlichen Anlässen Windsor vorgeschrieben. Zwei Frauen banden mir den Windsorknoten um, wobei eine Frau knotete und die andere den Kopf festhielt, danach wurde ich ein weiteres Mal nach allen Regeln der Kunst gepudert. Auch gekämmt. Dann zog ich wieder die Jacke an. »Sie müssen den mittleren Jackenknopf schließen, das ist Vorschrift«, riefen die Frauen. »Wenn Sie die Jacke offen tragen, bekommen wir Schwierigkeiten.« Dass sie Schwierigkeiten bekommen, wollte ich nicht.

Dann ging ich in den Saal, zugeknöpft, gebügelt und gepudert. Es war wenige Tage vor dem Ende der Ära Edmund Stoiber. Er saß in der ersten Reihe. Edmund Stoibers Jacke war offen. Bei der Preisverleihung hatte jeder einen Laudator zugewiesen bekommen, bei mir ist es der Schauspieler Ilja Richter gewesen. Ilja Richter ging nach vorne und sagte, mein Buch sei ja ganz schön, aber ich hätte es zu 90 Prozent von ihm abgeschrieben. Im Grunde habe er den Preis verdient. Ob er den Jackenknopf zuhatte, weiß ich nicht mehr.

Bei der Preisverleihung bekam man eine Flasche Champagner geschenkt. Am nächsten Morgen hieß es am Münchner Flughafen, dass Flüssigkeiten verboten sind und dass ich den Champagner in eine Mülltonne tun soll, die bis oben hin voll war mit Champagner- und Trüffelölflaschen. Ich bin zu geizig für so etwas. Ich wollte mich auch nicht schon wieder den gesellschaftlichen Regeln anpassen. Deshalb bin ich zurück in die Haupthalle und habe vor allen Leuten in meinem besten Anzug im Stehen innerhalb von zehn Minuten eine ganze Flasche lauwarmen Champagner leer getrunken. Vielleicht wirke ich angeberhaft, aber es hat wirklich nur zehn Minuten gedauert. Als Verbraucher sollte man an Fest- und Feiertagen darauf achten, dass der Champagner auf genau 7,8 Grad Celsius gekühlt ist, diese Temperatur gilt als ideal.

Über das Paradies

In meinem Bekanntenkreis gibt es folgende ganz normale Familie. Guido (44) ist mit Dörte-Marie (39) zusammen, beide bewohnen ein hübsches Haus in Brandenburg, sie haben eine Tochter, Gretchen (6), und gute Jobs.

Aus seiner ersten Ehe hat Guido die Kinder Annalena (9) und Yannick (10), die bei ihrer Mutter, der Systemanalytikerin Lisa Andrea (42), in Baden-Württemberg leben und alle zwei Wochen zu Besuch kommen. Lisa Andrea hat ebenfalls einen neuen Partner gefunden, den charismatischen Mathelehrer Urs (58), der in Hessen unterrichtet. Urs' bereits zweite Exfrau und Exschülerin Billy (30) hat ihn wegen des offenbar noch charismatischeren Atemtherapeuten und Flamencolehrers Gonzalez (45) verlassen, sie lebt bei ihm in Hamburg und unterrichtet dort was Spirituelles, was ich vergessen habe, Makramee, *Bilitis,* das *China-Syndrom,* irgend so etwas. Ihr und Urs' gemeinsamer Sohn Franz Wilhelm (6) geht auf eine Privatschule in Schleswig-Holstein, mit seiner sehr tatkräftigen ersten Exfrau Gitty (55) betreibt Urs die Erziehung der gemeinsamen Zwillinge Lilli und Lotta (16). Gitty hat letztes Jahr mit dem von ihrem Vater Oskar (95 †) geerbten Geld einen Reiterhof in Niedersachsen gegründet, es lässt sich gut an, Lilli und Lotta sind begeistert.

Wenn Guido und Dörte-Marie mit den Kindern in Urlaub fahren, müssen sie die Ferienpläne von mindestens fünf Bundesländern berücksichtigen, Brandenburg und Baden-Württemberg sowieso, wegen Urs, der mit Lisa Andrea und seinen Kindern ebenfalls Ferien machen will, was ja, egal, wie man zu Urs steht, nicht verwerflich ist, aber auch Hessen, Hamburg und Schleswig-Holstein. Gitty, Lilli und Lotta sind dabei überhaupt noch nicht berücksichtigt.

Nun habe ich aber das *Tagebuch eines schlimmen Jahres* von dem Nobelpreisträger J. M. Coetzee gelesen. Coetzee weist darauf hin, dass im christlichen Glauben nach dem Tode im Paradies unsere Seele mit den Seelen »unserer Lieben« vereint wird. Er stellt die Frage, ob die Seele einer zum Beispiel viermal verheirateten Person – Gerhard Schröder! – nach dem Tode automatisch mit der Person vereint wird, mit der sie zum Zeitpunkt des Todes zusammen war, oder aber mit der Person, mit der die Ehe, alles in allem, am besten gelaufen ist, und wie es sich mit den Expartnern jener Frau verhält, mit der man nach dem Tode vereint wird, also ob man mit denen auch vereint wird, zwangsvereinigt sozusagen.

Das will Coetzee nicht. Hillu und Doris Schröder würden das auch nicht wollen, auf so ein Paradies pfeift man doch. Er hat einen Theologen gefragt. Der Theologe sagte, dass wir im Paradies eine andere Daseinsform hätten, die unser irdisches Ich nicht verstehen könne. Wenn aber, schreibt Coetzee, die ewige Seele im Himmel oder in der Hölle wirklich etwas völlig anderes darstellt als unser heutiges Ich, wenn wir uns im Jenseits also nicht einmal mehr an unsere Exfrauen erinnern, dann bricht ja, so Coetzee, die gesamte christliche Jenseitstheorie zusammen.

Wenn die Seele in der Hölle keine Erinnerung an ihr früheres Leben, an ihre Sünden und Exfrauen und so weiter hat, dann muss ihr die ewige Verdammnis als unglaubliche Ungerechtigkeit vorkommen, dann kann es keine Reue geben, dann ist Gott böse. Dies alles sind Gründe dafür, regelmäßig Obst zu essen, damit man lange lebt.

Über Partnersuche

Ich bin, nach einer schwierigen Trennung, auf der Suche. So, wie es war, ging es einfach nicht mehr weiter. Klar, das sagt sich so leicht. Das klingt so cool. In Wirklichkeit blutet mir natürlich das Herz. Wir hatten gute Zeiten. Die erotischen Vibes haben gestimmt. Wir waren das Traumpaar. Wo immer wir zusammen auftauchten, da sagten die Leute: »Wow!«

Die Sache ist mir einfach zu kompliziert geworden. Ein bisschen kompliziert geht ja. Ständig wurden Forderungen an mich gestellt, emotional, körperlich und vor allem finanziell. Nichts war selbstverständlich. Auf nichts konnte man sich verlassen. Wir wollten zusammen irgendwohin, hatten eine Verabredung, wollten in Urlaub fahren – da wusste ich vorher nie, ob wirklich was daraus wird, bis zur letzten Minute nicht. Das war immer völlig unsicher. Ich habe gemerkt, dass ich Verlässlichkeit brauche. Gutes Aussehen ist wichtig, aber nicht das Wichtigste. Geben und Nehmen müssen in so einer Partnerschaft im Gleichgewicht sein. Ich aber habe immer nur gegeben, meine eigenen Bedürfnisse und Ziele haben überhaupt keine Rolle gespielt. Meine Freunde sagten: »Wie hältst du das eigentlich aus? Du machst dich doch zum Narren. Du hast einen anstrengenden Beruf, nein, du hast mehrere Berufe, wieso bindest du dir da privat so was Anstrengendes ans Bein?«

Eine Zeit lang, für ein paar Wochen oder sogar Monate, ging es immer gut. Ich habe mich an all die Probleme und Schwierigkeiten fast nicht mehr erinnert. Ich dachte: »Na also, geht doch.« Aber dann, plötzlich, wie aus heiterem Himmel, ging wieder nichts mehr. Da stand ich dann, irgendwo auf der Straße, und konnte sehen, wo ich bleibe.

Ich bin kein Angeber. Ich muss der Welt nicht beweisen, dass mein Testosteronspiegel okay ist. Aber ich will nun mal nichts Langweiliges, Braves. Ich will nicht das Übliche, ich will das Besondere. Das Wilde! Gleichzeitig bin ich auf ein Mindestmaß an Berechenbarkeit angewiesen, so ein Übermaß an Capricen und an Zickigkeit halte ich einfach nicht aus. Ich habe keine Zeit, mich ununterbrochen zu kümmern, klar, ein bisschen kümmern geht schon. Aber beides gibt es nicht gleichzeitig. Das habe ich gelernt. Das Besondere ist immer schwierig und stressig. Du musst dich entscheiden. So ist das Leben.

Ja, sicher, wir waren in der Paarberatung. Der nette Mann von der Esso-Tankstelle sagte, dass es keinen Zweck mehr habe. Ein Mercedes 123 Coupé, Baujahr 82, in diesem Zustand, da lohnten sich größere Reparaturen und das Umrüsten auf die neuen Schadstoffwerte nicht mehr, da heiße es: »*Ciao, bella.*« Am besten in die Ukraine. Oder nach Weißrussland. Ich dachte, wow, das sind ja genau die Länder, wo viele deutsche Männer sich ihre Partnerinnen suchen. Zum Ausgleich schickt man dann die alten Autos dorthin. Ein Geben und Nehmen. Soll ich jetzt also einen Rover kaufen, das heißt wieder der totale Stress, aber das Superaussehen, oder nehme ich doch endlich mal einen Toyota?

Über Peter Stein

Der berühmte Theaterregisseur Peter Stein hat ein Interview gegeben, in der *Welt*. Dieses Interview bestand zu weiten Teilen aus einer Beschimpfung des berühmten Opernregisseurs Peter Konwitschny. »Konwitschny«, sagt Stein, »macht lauter Schwachsinn.« Im Übrigen sei Konwitschny »zu dumm und zu uninformiert«. Auf die Frage, ob die von Peter Stein lange geleitete Schaubühne wirklich ein demokratisch strukturiertes Theater gewesen sei, eine relativ harmlose Frage eigentlich, gibt Peter Stein die überraschende Antwort, Peter Konwitschny jucke die Vorhaut. Daraufhin setzt der Interviewer mit der Frage nach, warum er, der berühmte Regisseur Peter Stein, eigentlich in Deutschland noch nie eine Oper inszeniert habe. Stein antwortet, dass Peter Konwitschny ein »Provinz-Heini« sei, unter dessen künstlerischer Leitung es egal ist, »welcher Sänger da jeweils in der Badewanne wichst«.

Beim Lesen des Interviews bekommt man den Eindruck, dass es zwischen Peter Stein und Peter Konwitschny einen unbewältigten Konflikt geben könnte. Ich wollte das herausfinden und habe ältere Interviews von Peter Stein gelesen, als Erstes ein Interview, das er im Mai 2007 dem *Tagesspiegel* gegeben hat. Auf die Frage, was die Bühnenfigur

Wallenstein antreibe, antwortet Stein, wer so eine Frage stelle, wolle das Stück »auf sich selbst und seine Vorhaut herunterziehen«. Da bin ich in tiefere Zeitschichten heruntergestiegen und habe ein Interview vom Juni 2006 gefunden, *Neue Zürcher Zeitung*. Dort sagte Stein: »Regisseure, die die Texte um ihre eigene Vorhaut wickeln, finde ich doof.« Da bekam ich den Verdacht, dass Stein im Zusammenhang mit diesem Körperteil irgendwann ein traumatisches Erlebnis gehabt hat, und überhaupt erst durch diese Verwicklung zur Kunst gekommen ist. Das nächste Interview war vom September 2005, *Berliner Zeitung*. Stein sagte, er sei keiner von »diesen Regisseuren, die glauben, dass das Jucken der eigenen Vorhaut reicht, um ›Medea‹ zu begreifen«. Besonders wichtig war sicher das Peter-Stein-Interview am 9. Mai 2005, genau 60 Jahre nach Kriegsende, in der *Welt*, dessen historischer Schlüsselsatz lautet, man dürfe »heute auf der Bühne keine Emotionen zeigen, ohne sich gleichzeitig in die Vorhaut zu beißen«.

Ich will diese erstaunliche Fixierung eines der wichtigsten deutschen Intellektuellen nicht analysieren oder werten. Ich möchte lediglich darauf hinweisen, dass der Regisseur Stein am Tag des Erscheinens dieses Textes gezwungen war, die Hauptrolle in seiner »Wallenstein«-Inszenierung selber zu spielen, besser gesagt, abzulesen. Der für »Wallenstein« eigentlich vorgesehene Klaus-Maria Brandauer hat sich bei dem Versuch, nach Peter Steins Vorgaben auf der Bühne Emotionen zu zeigen, verletzt. Angeblich am großen Zeh.

Über Rentner

Wir haben in Deutschland eine neue Hassfigur. Sie heißt Mallorca-Rentner. Im Fernsehen zeigen sie fast täglich alte Leute, die gerade mit dem Flugzeug angekommen sind, zum Beispiel in Düsseldorf. Die Rentner erzählen, nichts Böses ahnend, irgendwelchen Interviewern, dass sie gerade acht Wochen Mallorca hinter sich hätten. Der Kommentar im Off sagt, mit anklagendem Vibrato: »Nie ging es einer Rentnergeneration so gut wie der heutigen.«

Die jungen Zuschauer stehen auf und holen ihre Gehaltsabrechnung. 2500 Euro, eigentlich okay – hey, stopp, davon werden ja 2045 Euro und 7 Cent Mallorcaritätsbeitrag abgezogen! Sie fletschen die Zähne und knurren den Bildschirm an wie Werwölfe. Dazu zeigt das Fernsehen schnelle Schnittfolgen, zum Beispiel eine knusprige Rentnerin, die im Bikini Hula Hula tanzt, dann eine hohlwangige junge Mutter mit Stressakne, die ihrem Baby ein trockenes Brotstück in den Mund schiebt, anschließend einen feisten Mittachtziger, der am Ballermann ein Weißbier zischt und sich die Fußnägel von einer jungen Mutter lackieren lässt. Ich übertreibe wirklich nur leicht. Wenn man in diesem Stil über ausländische Mitbürger berichten würde, gäbe es vermutlich Ärger.

Eine Sache verstehe ich dabei nicht. Um nach Mallorca zu fliegen, muss man doch gar nicht reich sein. Flüge gibt es in der Nebensaison schon für 49 Euro, manchmal noch billiger. Wenn die Rentnerin, statt nach Mallorca zu fliegen, sich für 49 Euro die Haare färben ließe, wäre die Erbitterung in der deutschen Gesellschaft vermutlich geringer. Im Grunde sind die Billigfluggesellschaften schuld. Wenn man sie verbieten würde, wäre das Problem gelöst.

Jedenfalls hat sich in der deutschen Gesellschaft der Gedanke durchgesetzt, dass nur ein armer, trauriger, blasser Rentner, der niemals das Stadtgebiet von Düsseldorf verlässt, ein guter Rentner ist. Wohlgenährte alte Leute, die sich sonnen, wirken provozierend. Der deutsche Rentner spielt inzwischen, was sein Image betrifft, in einer Liga mit den Piraten vor der somalischen Küste.

Sobald man allerdings etwas gegen wirklich Reiche sagt, schallt einem sofort das Wort von der »Neidgesellschaft« entgegen, die Deutschland angeblich ist. Die Wut auf den Mallorca-Rentner aber wird häufig von genau dem gleichen Personenkreis geschürt, der sich jede Kritik an den Topgehältern verbittet.

Auch da habe ich ein Verständnisproblem. Noch nie ging es einer Managergeneration in Deutschland so gut wie der heutigen! Nein. Stopp. Ich möchte gerne als ein Versöhner in die Kulturgeschichte eingehen. Deswegen weise ich, ohne mich zu komplizierten Fragen wie Rentenformel oder Generationengerechtigkeit inhaltlich zu äußern, mit aller gebotenen Vorsicht darauf hin, dass Rentner in der Regel alt sind, einige sogar steinalt.

Wenn man die Mallorca-Rentner beim Hulatanzen unterbräche und ihnen die Frage stellte, ob sie wieder 28 sein und den süßen Vogel Jugend am Gefieder kraulen wollen, allerdings unter der Bedingung, dass sie nie wieder mallorquinischen Boden betreten dürfen, dann würden vermutlich 85 Prozent von ihnen begeistert einschlagen.

Versteht ihr? Sie beneiden euch. Alter allein macht nicht glücklich. Sie leisten auf Mallorca doch nur Trauerarbeit; weil es tausendmal geiler ist, jung zu sein. Wenn man vor jedem Beitrag zur Rentenfrage zunächst einmal einen Beitrag zum Thema Osteoporose senden würde, dann könnte man dem beginnenden Krieg der Generationen einiges von seiner Schärfe nehmen.

Über den Roman »Ezra«

Wie würde ich eigentlich reagieren, wenn ich ein Buch über meine Exfreundin geschrieben hätte, und dieses Buch, ein gutes Buch nach Ansicht der meisten Kritiker, wäre verboten worden? So ist es bekanntlich Maxim Biller mit seinem Roman »Ezra« gegangen. Was wäre, *if I did it*? If I did it, wenn ich es getan hätte, heißt ein Buch, das ebenfalls nicht erscheinen darf, allerdings aus anderen Gründen. O. J. Simpson hat es über die Ermordung seiner Frau geschrieben.

Natürlich wäre ich, *if I did it*, erst einmal verärgert und deprimiert. Dann aber würde ich bemerken, dass ich plötzlich, neben Walser und Grass, einer der drei bekanntesten Autoren Deutschlands bin. Ich würde feststellen, dass jeder, der sich für Bücher interessiert, den Titel meines Romans und, in groben Zügen, seinen Inhalt kennt, ähnlich wie bei Goethes »Werther«. Ich würde mit einer gewissen Befriedigung registrieren, dass viele hervorragende Kollegen mich zu einem lebenden Symbol für die Freiheit der Kunst ernennen. Falls ich ein finsterer Charakter wäre, der sich rächen möchte, würde ich mich darüber freuen, dass jeder Mensch – mithilfe der zu diesem Fall geschriebenen Kommentare – mühelos den Namen der Exfreundin ermitteln könnte.

Es geschieht also genau das, was die Richter verhindern wollten, nur in größerem Maßstab. In den meisten Kommentaren steht auch, was ich dieser Frau vorwerfe, sogar die Sexszenen werden mindestens erwähnt, manchmal sogar beschrieben. Das alles hätte ich vermutlich niemals erreicht, wenn mein Roman nicht verboten worden wäre.

Und der finanzielle Verlust? Berühmtheit ist in dieser Gesellschaft ein geldwerter Vorteil. Unter dem Strich, über die Jahre hinweg, ist ein Verbot, das mich zu einem Mann macht, den jeder kennt, wahrscheinlich lukrativer als ein ganz normaler Roman mit der üblichen Auflage. Und doch, würde ich mir sagen, ich will, dass mein Buch gelesen wird, verdammt, die Mühe soll nicht vergeblich gewesen sein. Dann würde mir einfallen, dass noch fast jedes verbotene Buch im Laufe der Zeit zu einem Mythos geworden ist, angefangen mit »Fanny Hill«.

Noch nie ist es Richtern gelungen, ein Buch tatsächlich und dauerhaft zu verbieten. Wozu gibt es das Internet? Solch ein Verbotsprozess ist ein symbolischer Akt, der für die tatsächliche Verbreitung eines Buches nicht viel zu bedeuten hat, er schadet dem Verlag, klar, dem Buch aber nützt die ganze Sache eher. So würde ich denken, aber ich würde es nicht aussprechen, weil man mich für einen Zyniker halten würde, obwohl ich gar kein Zyniker bin. Ich versuche nur, diese seltsame widersprüchliche Gesellschaft zu verstehen, und weiß, dass die Wahrheit oft unter ihrer Oberfläche verborgen liegt, man sieht sie, anders, als Reporter es oft glauben, nicht auf den ersten Blick, und sei er noch so sensibel.

Über Sex mit Tieren (1)

Der Maulwurf ist wegen seines süßen Aussehens bei Kindern beliebt, bei Gärtnern dagegen fast immer unbeliebt. Von ihrem Lebenswandel her sind Gärtner und Maulwurf ähnliche Geschöpfe. Beide graben gern, von der idealen Optik einer Rasenfläche aber haben beide Seiten unterschiedliche Ansichten.

In diesem Kampf hat der Staat sich überraschenderweise auf die Seite des Maulwurfs gestellt, denn der Maulwurf ist als Tierart geschützt, obwohl ihm, wie jeder Gärtner weiß, keineswegs das Aussterben droht. Der Maulwurf ist in der Lage, sieben Meter Gang pro Stunde zu graben und in diesen Gängen mit einer Geschwindigkeit von vier Kilometern pro Stunde umherzulaufen. In ihren Nestern halten die Maulwürfe sich für den Hunger zwischendurch lebende Regenwürmer, denen sie das Vorderteil abbeißen, damit sie nicht wegkriechen können. Ein leichter Gegner ist der Maulwurf nicht.

Weil der Staat den Gärtner dazu zwingt, sich gewaltfrei mit dem Maulwurf auseinanderzusetzen, sind Gartenzeitschriften und Internetforen voll von Tipps zur Maulwurfsvergraulung. Zu jedem Tipp gibt es Gegenstimmen, die erklären, dass der Tipp nicht funktioniert. Relativ sicher wirkt offenbar die Methode, ein Radio in den Gartenboden zu versenken und damit laut Musik zu spielen (www.hausgarten.net). Alle Musikstile sind geeignet. Maulwürfe sind Tiere, denen Musik generell gegen den Strich geht.

Der Maulwurfsmann ist körperlich stark gefordert, da die Maulwürfin erwartet, dass erotisch interessierte Bewerber sich in ihr Revier durchgraben, sie selber verlässt ihr Revier nicht. Falls er zurückgewiesen wird, muss der Maulwurf sich zu der nächsten Kandidatin durchgraben. Die Redensart »jemanden angraben« ist also vermutlich im Gärtnermilieu entstanden. Im Gegensatz zum Gärtner darf der Maulwurf immerhin sicher sein, dass er mit seiner Partnerin nicht tanzen muss.

Über Sex mit Tieren (2)

Bestimmte Leute rufen auffällig oft an, grüßen besonders nett, rücken einem auf die Pelle. Diese Leute mögen dich. Sie suchen Kontakt. Manchmal aber findet man selber diese Leute überhaupt nicht so sympathisch. Manchmal bleibt Sympathie einseitig. Genau so ist es im Verhältnis zwischen den Menschen und den Silberfischchen.

Das Silberfischchen gibt es seit rund 300 Millionen Jahren, länger als uns. Es konnte auch ohne uns leben, dies ist bewiesen. Irgendwie aber hat sich das Silberfischchen in uns verliebt. Seitdem kommt es, zumindest in Mitteleuropa, fast nur noch in menschlichen Wohnungen vor. Am liebsten hält es sich im Badezimmer auf. Wahrscheinlich schaut es uns, aus einer dunklen Ritze heraus, beim An- und Ausziehen zu.

Das Silberfischchen mag es warm und feucht. Es frisst unsere Haare und Hautschuppen. Das Silberfischchen lebt für ein Insekt erstaunlich lange, acht Jahre. Eine Langzeitbeziehung zwischen Mensch und Silberfischchen wäre möglich. Gemeinsamkeiten gäbe es genug. Das Silberfischchen mag Bücher, vor allem die Einbände nimmt es gern zu sich. Genau wie der Mensch wird das Silberfischchen spät erwachsen, Kindheit und Pubertät können drei Jahre dauern.

Die Sexualität des Silberfischchens spielt sich, wie unsere, meist nachts ab. Das Männchen tanzt, wenn es erregt ist. Wenn es ihm aber zu kalt wird, hört es auf zu tanzen. Welcher Mann würde sich in dieser Verhaltensweise nicht wiedererkennen?

Ein einziges Mal nur haben Menschen dem Silberfischchen, unserem sehnsuchtsvollen Begleiter seit Tausenden von Jahren, ein kulturelles Denkmal gesetzt. Es war die Band »Fettes Brot« mit ihrem Lied »Silberfischchen in meinem Bett«. Im Übrigen verfolgen und töten wir sie, wir stellen Fallen auf. Diese Fallen enthalten Sexuallockstoffe.

Über Söhne

Mein Sohn ist sechzehn, er geht auf Partys. Oder sonst wohin. Freitagabend und Samstagabend ist er jedenfalls weg. Wenn ich frage, wo er hingeht, sagt er »zu dem Soundso« und nennt einen Namen. Wenn ich frage, was tut ihr denn bei dem Soundso, antwortet er: »Wir unterhalten uns.«

Ich kann mir gar nicht vorstellen, wie er sich unterhält, bei mir sagt er immer nur Sätze wie »Ich habe Hunger« oder »Ich gehe schlafen« oder »Wir brauchen Milch«. Es sind Dreiwortsätze wie in einem alten Italowestern. Zieh du zuerst. Es gibt Bohnen. Hängt ihn höher.

Der einzige relativ lange Satz, den ich in letzter Zeit von ihm gehört habe, lautete: »Katzenfutter ist wieder alle.« Neulich haben wir übrigens auch zum ersten Mal Biokatzenstreu gekauft. Wenn ich, um ein Gespräch in Gang zu bringen, frage, wie er den neuen Stürmer von Hertha BSC findet, denn ich weiß, dass er sich für Fußball interessiert, wir sind bei Hertha BSC gewesen, ich weiß, dass er alle Spieler kennt und dass er, wenn man im Fernsehen den Ton abdreht, ein Spiel, falls er reden würde, so kenntnisreich kommentieren könnte wie Marcel Reif, mit vierzehn hat er das jedenfalls getan, wenn ich ihm also diese Frage stelle, antwortet er: »Gut.«

Wenn ich nachfrage, ob der neue Stürmer, ein quirliger Brasilianer, seiner Ansicht nach besser sei als der alte Stürmer, ein wieselflinker Serbe, antwortet er: »Vielleicht.« Wenn ich dann aber noch ein weiteres Mal nachfrage, wenn ich zum Beispiel zur Diskussion stelle, ob der neue Stürmer nicht eher ein offensiver Mittelfeldspieler sei, eine Frage, die nach einer differenzierten Antwort geradezu schreit, antwortet er: »Hör auf zu nerven.«

Ich denke manchmal, wir sollten gemeinsam etwas tun. Fußball. Kino. Museum. Aber er lehnt meistens ab, vor allem das Museum.

Eine einleuchtende Theorie beschreibt die Pubertät als eine Phase der Verpuppung. Das plappernde, unbeschwert umhertollende Kind spinnt sich eines Tages ein in die Puppe eines wortkargen Jugendlichen, wie eine Raupe. Im Inneren der Puppe finden weitreichende Umbauarbeiten an Körper und Psyche statt. Diese Umbauarbeiten erfordern viel Energie. Die Puppe bewegt sich folglich nur sparsam, sie liegt meistens auf ihrem Bett und chillt, ihre Kontakte mit der Außenwelt beschränken sich im Wesentlichen auf die Sätze »Ich habe Hunger« und »Wir brauchen Milch«. Eines Morgens aber bricht die Puppe auf, und wie ein Schmetterling entsteigt der Puppe ein junger Erwachsener, der seine Flügel ausbreitet und davonfliegt.

Wenn die Katze ihr Geschäft in dem Klo verrichtet, verwandelt sich das Biokatzenstreu innerhalb weniger Sekunden in eine zementartige, stark klebende Substanz, die zum Bau von Autobahnbrücken taugen würde, wenn der Geruch nach Katzenurin nicht wäre. Um das Biokatzenklo zu reinigen, sind mindestens zwei Personen erforderlich. Einer muss mit einer Hand das Klo festhalten, während der andere mit einem Meißel oder einer Schaufel den Katzenurinzement in kleinen Bröckchen weghämmert wie die Kumpel die Steinkohle* in *Das Wunder von Lengede,* allerdings ebenfalls mit nur einer Hand, mit der anderen hält man sich die Nase zu. Nach einer halben Stunde ist nur mehr eine pastöse Schicht am Kloboden übrig, die sich in der Badewanne mithilfe eines heißen Wasserstrahls und eines Steakmessers lösen lässt.

Während wir schwitzend arbeiteten, hatten wir ein längeres Gespräch über Katzenhygiene. Deswegen möchte ich allen Vätern von Heranwachsenden zum Kauf von Biokatzenstreu raten.

---

* Siehe hierzu auch den Text »Über meine Homepage«

Über die Sozialdemokratie

In der Zeitschrift *Cicero* stieß ich auf eine Studie des Meinungsforschungsinstitutes Emnid. Die Meinungsforscher haben versucht, die Psyche der deutschen Wähler wissenschaftlich auszuleuchten. Den deutschen Wählern wurden Begriffe vorgelegt, und sie wurden gefragt, ob diese Begriffe bei ihnen positive oder negative Emotionen auslösen. Nunmehr darf als wissenschaftlich bewiesen gelten: Leute, die CDU oder CSU wählen, freuen sich überdurchschnittlich, wenn sie das Wort »Gott« hören. Dies hatte ich, ehrlich gesagt, erwartet. Bei den Wörtern »sexuell«, »sinnlich«, »verführen« und »Nacktheit« aber fühlt ein CDU-Wähler sich unbehaglich, er räuspert sich oder verlässt den Raum. Die CDU ist die inoffizielle deutsche Antisexpartei.

Kein Wunder, dass sie bei jungen Menschen auf dem Höhepunkt ihrer Hormonproduktion traditionell schlechter abschneidet als bei älteren. Grüne Wähler dagegen hören das Wort »sparen« nicht gern, obwohl diese Partei doch immer wieder zum Energiesparen aufruft. Sie mögen aber »wild«, »eigenwillig« und »Abenteuer«. Reinhold Messner und Carla Bruni wären viel geeignetere Vorsitzende als Jürgen Trittin oder Renate Künast.

Ich fand es auch wenig überraschend, dass bei der FDP die Begriffe »Sanftheit«, »Zärtlichkeit« und »Treue« negativ besetzt sind, während »Macht« und »beherrschen« hoch im Kurs stehen. Das ist die deutsche Sadomaso-Partei und nachweislich eine Partei, die eher von Männern als von Frauen gewählt wird. Das »F« steht wohl auch für »Fesseln«.

Die Linken aber haben exakt das gegenteilige Profil wie die CDU, »Gott« löst starkes Unwohlsein aus, »sexuell« und »Nacktheit« dagegen brummendes Wohlbehagen. Insgesamt gilt die Faustregel: Je linker in Deutschland eine Partei ist, desto positiver denken ihre Anhänger über den häufigen Gebrauch des Fortpflanzungsapparates.

Das größte psychologische Rätsel aber ist für mich die SPD. Ein Wort, das bei keiner anderen Partei auch nur eine Rolle spielt, ist bei SPD-Wählern eines der am tiefsten verhassten, es ist das Wort »Mond«. Ich habe mich, jenseits aller Ironie (auch dieses Wort ist bei der SPD übrigens negativ besetzt) gefragt, was eigentlich das Unsozialdemokratische am Mond ist. Der Mond ist mir immer völlig unpolitisch und weltanschaulich neutral vorgekommen. Im Internet habe ich diese Frage zur Diskussion gestellt. Zahlreiche *ZEIT*-Leser haben geantwortet.

Am bedenkenswertesten fand ich die Theorie, dass der Mond in den Augen vieler SPD-Anhänger unbewusst für die von ihnen emotional abgelehnten Begriffe »US-Außenpolitik« oder »George Bush« stünde, weil die USA ja als einzige Nation auf dem Mond gelandet sind und weil dort oben das Sternenbanner steht. Ein anderer Leser weist darauf hin, dass der Mond nur nachts scheint, folglich mit »schwarz« assoziiert wird. Schwarz aber ist die Farbe der

CDU, ein emotional besonders stark besetzter SPD-Song lautet wohl nicht zufällig »Brüder, zur Sonne, zur Freiheit«.

Ein bisschen weit hergeholt finde ich die These, dass es sich lediglich um einen Lesefehler handele. Wegen der von der SPD seit Jahrzehnten favorisierten bildungspolitischen Experimente würden viele Sozialdemokraten Texte nur noch rein intuitiv zur Kenntnis nehmen, und sie hätten deshalb »Mord« statt »Mond« gelesen.

Gleich mehrfach aber wurde der Gedanke geäußert, dass der Mond deswegen ein Unbehagen in der SPD-Anhängerschaft auslöse, weil er sie, wenn er voll und leuchtend und geradezu triumphal am Abendhimmel steht, immerzu an das Gesicht von Oskar Lafontaine erinnere.

Über Stadtplanung

Angeblich können Menschen meines Alters sich nicht mehr verändern. Ich schon. Ich habe zum Beispiel meinen Architekturgeschmack geändert. Noch vor zwei Jahren fand ich moderne Architektur ausnahmslos scheußlich und war ein Anhänger der konservativen Architekturtheorie von Prinz Charles. Inzwischen kann ich kubusförmigen Häusern und schmucklosen Fassaden etwas abgewinnen, es muss nicht unbedingt überall Stuck dran sein. Eine Sache aber tun die modernen Städteplaner und Architekten auf eine so provozierende Weise, dass ich es übel nehme.

In Duisburg musste ich an einer Veranstaltung teilnehmen, den Weg vom Bahnhof zum Theater ging ich zu Fuß. Die Straße mündete in einen Platz, auf der anderen Seite des Platzes ging die Straße weiter. Statt geradeaus weiterzulaufen, von Punkt A nach Punkt B, über den Platz, sollte man einen weiten Bogen gehen, denn in der Platzmitte befand sich eine schmückende Parkanlage, Betreten verboten. Die Menschen, die vor mir vom Bahnhof zum Theater gegangen waren, hatten aber quer durch die Anlage einen Trampelpfad angelegt, den auch ich benutzt habe. Es liegt nämlich in der Natur des Menschen, auf dem Weg von A nach B den kürzesten Weg zu wählen, und nicht einen Umweg zu machen, nur, weil ein Stadtplaner eine Idee hatte. Man hat es auch manchmal eilig. Die Parkanlage, könnte man einwenden, erfreut durch ihren Anblick das Auge des Passanten. Ich möchte aber nicht zwangsbeglückt werden, ich möchte von A nach B und halte dies für legitim. Wer Anlagen baut, soll sie so bauen, dass sie nicht im Weg sind. Ich habe vergessen, wie der Platz heißt, es ist aber auch egal, solche Plätze sind überall.

Inzwischen bin ich sensibilisiert und sehe ständig Umwege, zu denen Städteplaner und Architekten mich zwingen wollen, aus rein ästhetischen Gründen. Warum ist bei der neuen Hamburger Kunsthalle der Eingang versteckt an der Seite, und nicht vorne, direkt an der Straße, wo er hingehört? Das ist doch das Gleiche wie Stuck oder wie Ornamente, da folgt die Form doch nicht der Funktion. Ich bin kein Ornament, ich gehe immer geradeaus, direktemang durch die Steppen der Städte. Ich bin der weiße Massai.

Oder man will mich schützen, die Stadt ist voller Zäune und Schutzwälle. In Berlin-Weißensee gibt es einen gleichnamigen Badesee, davor verläuft eine Straße mit Straßenbahnschienen. Wenn ich über die Straße zu dem See will, soll ich mit vollem Badegepäck einen halben Kilometer zu einer Ampel marschieren, die Straßenbahnschienen sind mit einem Zaun gesichert. Alle zehn Minuten rumpelt da eine Straßenbahn vorbei. Alles, was man tun muss, um sicher auf die andere Seite zu kommen, ist, zu schauen, ob eine Straßenbahn kommt. Das könnte man sogar einem Schimpansen beibringen. Inzwischen gibt es Städte, in denen man Ampeln und Verkehrszeichen abgeschafft hat, stattdessen sollen die Leute aufpassen. Die Zahl der Unfälle ist gesunken. Ich bin über den Zaun geklettert, um zu dem See zu gelangen, damit habe ich mir meine gute Hose zerrissen, aber das ist mir egal. Inzwischen habe ich erfahren, dass es sogar schon eine Subkultur gibt, die in den Städten auf dem kürzesten Weg von A nach B wandert, als Wettbewerb und Funsport, über Mauern und Zäune hinweg. Das sind Revolutionäre, die das Land modernisieren, ähnlich wie einst die 68er. Jeder Trampelpfad ist eine Protestresolution, jeder umgeworfene Zaun ist ein Schrei nach Freiheit. Wenn man die Umwege abschafft, gewinnt Deutschland Millionen von Stunden, für Love, Peace and Happiness. Dies ist die Lehre des weißen Massai.

Über Supermodels

Ich schaute fern. Im Fernsehen war eine etwa zwanzigjährige blonde Frau zu sehen, auf deren Schulter eine Vogelspinne saß. Die Frau schien die Anwesenheit der Vogelspinne regelrecht zu genießen. Sie lächelte glücklich, als ob es die Hand ihres Liebsten sei, die ihr die Schulter krault, und nicht acht behaarte Spinnenbeine.

Sie wurde fotografiert, Leute standen um sie herum, die Leute klatschten Beifall, glaube ich. Dann ging die blonde Frau weg, eine dunkelhaarige Frau nahm ihren Platz ein. Der Dunkelhaarigen wurde eine fette Riesenschlange um den Hals gelegt. Die Männer, die diese Schlange trugen, kamen von hinten, sodass die in die Kamera lächelnde Frau Nummer zwei sie nicht sehen konnte. Die fette Riesenschlange war für sie eine echte Überraschung. Es kam darauf an, dass die Frau, in dem Moment, in dem man ihr die Schlange um den Hals legte, nicht zusammenzuckte oder sich sonst wie ihre Überraschung anmerken ließ. Sie sollte unverdrossen weiterlächeln. Dabei wurde sie fotografiert.

Es handelte sich um das Finale der Castingshow *Germany's next Topmodel* und um die beiden letzten Kandidatinnen. Die beiden Kandidatinnen sollten beweisen, dass sie auch als Modelle für eklige Modefotos brauchbar sind. Spiderwoman hat gewonnen.

Ein Freund, der zufällig anwesend war, machte mich darauf aufmerksam, dass es sich dabei im Grunde um eine religiöse Szene handelte. In der christlichen Religion spielt Erlösung durch Leid ja durchaus eine Rolle, man muss nur an den Kreuzestod und die Märtyrer denken, die, ähnlich wie das Supermodel, wilden Tieren zum Fraß vorgeworfen wurden, an die Geißlerzüge des Mittelalters, an die Hexen und an die Opfer der Inquisition, die durch ihren Tod von ihren angeblichen Sünden erlöst wurden.

Schmerz, Gefahr und Tod führen, wenn man sie für den Glauben auf sich nimmt, wie eine Autobahn direkt in den Himmel. Eine Person, die an bestimmten Feiertagen regelmäßig blutende Wundmale vorweisen kann, hat beste Chancen auf eine Qualifikation zur Heiligen, also den Status des christlichen Superstars. Der Freund äußerte die Ansicht, dass mit den Castingshows der Kapitalismus anfange, sich als Religion zu etablieren oder aus christlichen Versatzstücken eine Ersatzreligion zu schaffen.

Die Show ist ein Ritus, der regelmäßig stattfindet und bei dem es darauf ankommt, Leiden, Schmerz und Prüfungen auf sich zu nehmen. Ein oder eine Auserwählte wird am Ende erlöst. Sie ist nicht mehr »Teil der anonymen Konsumentenmasse« oder »abgehalfterter Exstar«, sondern darf für eine gewisse Zeit prominent oder wieder prominent sein. Und woran muss man dabei glauben? An sich selbst.

»Eine Alternative zum Kapitalismus«, sagte der Freund, »kenne ich natürlich auch nicht. Die Hardcore-Linken mit ihrem Glauben, dass der Mensch gut sei, vor allem der unterprivilegierte Mensch, scheinen mir aber weniger von der Wirklichkeit zu begreifen als Dieter Bohlen.«

Okay, dachte ich am nächsten Morgen, das Individuum stellt im Kapitalismus den höchsten Wert dar. Positiv drückt sich dies in der Idee der Menschenrechte aus. In den Castingshows werden die Menschenrechte symbolhaft missachtet, etwa, indem man in einen Bottich voller Spinnen springen muss. Deshalb fühlen sich Kulturkritiker alter Schule von den Castingshows provoziert. In Wirklichkeit sind diese Shows aber nichts anderes als ein kapitalistisches Gegenstück zur christlichen Kommunion, wo man symbolhaft das Fleisch Christi isst. Wow, ich sollte öfter mal was Gesellschaftskritisches schreiben, dachte ich, vielleicht nach der Fußball-EM.

Über Teamwork

In Stellenanzeigen heißt es immer, man soll »teamfähig« sein. Ich bin nicht teamfähig. Diese Kolumne im Team zu schreiben, wäre mir schlechterdings unmöglich. Das Wort Teamfähigkeit halte ich für Bullshit, den Inhalt des Wortes für einen historischen Irrtum. Ich kenne Teamarbeit von der Uni. Später habe ich zwei- oder dreimal Artikel zu zweit verfasst. Dies waren anstrengende psychodynamische Prozesse mit belanglosem Ergebnis.

Teamwork ist Ausbeutung der Gutmütigen durch Ungutmütige. Es gibt in der Gruppe immer Leute, die arbeiten, und andere, die sich schmarotzerhaft dranhängen. Ich habe, nur, damit das klar ist, an der Uni eher zur zweiten Kategorie gehört. Teamwork ist Vergeudung von Arbeitskraft. Bei der Bewältigung der unvermeidlichen psychologischen Verwerfungen, bei der Verteilung der Aufgaben in der Gruppe und beim Austausch von Informationen, kurz, mit diesem ganzen Organisationsscheiß geht eine Menge Zeit, Energie und geistige Kraft verloren, die ansonsten der eigentlichen Arbeit zugutekäme. Teamwork zerstört Originalität, Kreativität und Qualität. In der Gruppe führen nämlich immer die Labertaschen das Wort. Dies sind aber nicht unbedingt diejenigen, die von der zu lösenden Aufgabe am meisten verstehen. Die wirklich kompetenten Teilnehmer sind vielleicht schüchtern und schweigen. Teamwork heißt: Alle Macht den Labertaschen. Teamwork heißt, dass soziale Kompetenz Fachkompetenz unterdrückt.

Neue Ideen klingen immer seltsam, oder sogar verboten, es erfordert Mut, sie beim ersten Mal auch nur zu denken. Die Gruppe aber übt eine nivellierende Wirkung aus. Ein Ergebnis, auf das eine ganze Gruppe sich einigen kann, wird immer Mainstream sein. Kein Team der Welt könnte im Teamwork die Relativitätstheorie erfinden, Amerika entdecken oder die »Buddenbrooks« schreiben.

Dass man sich austauscht, die Ergebnisse der eigenen Arbeit mit anderen diskutiert oder in einer Gruppe mit klaren Zuständigkeiten eine Teilarbeit übernimmt, verstehe ich natürlich nicht unter »Teamwork«. Unter Teamwork verstehe ich, dass es keine klare Verantwortlichkeit gibt. Unter Teamwork verstehe ich, dass der Glaube, der Mensch sei gut und ein Wesen, welches nicht zuerst an sich selber denkt, zu mittelmäßigen Arbeitsergebnissen führt.

Teamwork – der Mythos des 21. Jahrhunderts. Dann ist mir beim Nachdenken aufgefallen, dass es im Nationalsozialismus meines Wissens kein Teamwork gegeben hat. Hitler war, als Person, nur begrenzt teamfähig, auch in der Theorie war er kein Freund des Teamworks. Mehr noch, er war eher ein Gegner davon. Mit anderen Worten, ich könnte jetzt ohne Weiteres den Satz schreiben: »Im Nationalsozialismus ist vieles sehr schlecht gewesen, aber einiges auch sehr gut, zum Beispiel die Ablehnung des Teamworks.« Dies gäbe in sämtlichen Medien eine große Aufregung, die ich den Redakteuren, zu denen ich im Laufe der Zeit doch eine Art väterliche Zuneigung entwickelt habe, ersparen möchte.

In der Zeitschrift *Merkur* habe ich einen interessanten Aufsatz des Medientheoretikers Norbert Bolz gefunden. Er enthält den Satz: »Teamwork ist ein Euphemismus dafür, dass die anderen die Arbeit tun.« Die 1933 aus Deutschland vertriebene Denkerin Hannah Arendt hat den Satz geschrieben: »There can be hardly anything more alien or destructice to workmanship than teamwork«, auf Deutsch heißt das, Teamwork macht alles Gute kaputt.

Die Tatsache, dass so unterschiedliche Personen wie Hannah Arendt, Norbert Bolz, Adolf Hitler und ich in der Frage des Teamwork, und wahrscheinlich nur in dieser Frage, exakt einer Ansicht zu sein scheinen, hat mich in einer solchen Weise erschreckt, dass ich das Ende der mir zugemessenen Zeilenzahl mit großer Erleichterung zur Kenntnis nehme.

Über die Tibet-Frage

Es war Sommer. M. hatte einige Monate frei, er musste nicht ins Büro, was sich besser anhört, als es war. Meistens stand er um 7 Uhr 30 auf, duschte, trank Kaffee, er pflegte nicht zu frühstücken, dann setzte er sich an den Computer und versuchte, an dem Roman weiterzuschreiben, den er sich für diesen Sommer vorgenommen hatte.

Bei einem Abendessen hatte ihn seine Nachbarin gefragt, warum er das tue. Er hatte geantwortet, dass Schreiben sein Beruf sei, so einfach sei das. Diese Antwort hatte ihr nicht gefallen. Sie hatte etwas Heroischeres erwartet, vielleicht, dass er das Wattenmeer retten wolle oder dass er ein traumatisches Liebeserlebnis bearbeite oder dass es da irgendeine Schweinerei in der Finanzwelt gebe, von der er Wind bekommen habe. Nichts dergleichen.

Am Anfang versucht man, eine Stimme zu finden, in der man sprechen könnte, einen Sound, verstehen Sie, und eine Frage, auf die man keine Antwort weiß, eine Frage, die man nur beantworten kann, indem man eine Geschichte erzählt. Man setzt sich hin, man arbeitet, man steht wieder auf. Das hatte ihr nicht gefallen. Mir gefällt es auch nicht, sagte M., aber darauf kommt es nicht an, ich tue das nicht, um dabei das Glück zu finden. Falls Sie wissen, wie man das Glück findet, sagen Sie es mir, und ich höre sofort auf mit allem anderen. Schicken Sie mir eine SMS. Bis dahin setze ich mich jeden Morgen hin und arbeite.

Es war der Sommer, in dem an vielen Balkonen tibetische Fahnen zu sehen waren und in dem auffällig viele Frauen auffällig tiefe Dekolletés trugen. M. fragte sich, ob er sich das mit den Dekolletés vielleicht nur einbilde, aber andere bestätigten ihm, doch, das sei ein Trend. Sie erwähnten den Namen der Bundeskanzlerin, die diesem Trend ebenfalls gefolgt sei.

M. hatte, wie wahrscheinlich viele Männer, wenn nicht die meisten, ein zwiespältiges Verhältnis zu Dekolletés, weil er bei der Begegnung mit einer solchen Frau nie wusste, wie er seine Blicke organisieren sollte.

Einerseits ist ein solches Dekolleté dazu da, die Aufmerksamkeit der Männer zu wecken, die Frauen werden das wohl nicht in erster Linie aus Gründen der Bequemlichkeit anziehen. Andererseits soll man das Dekolleté nicht anstarren, egal, wie interessant man es findet. Man soll so tun, als ob man etwas nicht bemerke, was doch in Wirklichkeit bemerkt werden soll, ein Angebot, von dem die erste Stufe der Höflichkeit verlangt, dass man es scheinbar ausschlägt, während eine zweite Stufe der Höflichkeit verlangt, dass man dieses Angebot sehr wohl annimmt, allerdings auf eine so beiläufige Weise, dass es nur ansatzweise wahrnehmbar ist.

Eine Frau, die mit einem auffälligen Dekolleté antritt, um das kein einziger Mann sich auch nur im Geringsten schert, wird doch sicher Zweifel an ihrer Aura bekommen. Das möchte man ihr nicht antun. M. fiel das Buch über die Kunst der Verstellung ein, das er kürzlich gelesen hatte.

Auf dem Weg zum Café Togo traf er eine Bekannte. Sie trug ein tiefes Dekolleté. M. wusste nicht, ob er der Situation gewachsen war, seine suchend umhergleitenden Augen hefteten sich an die tibetische Fahne, die gegenüber von einem Balkon hing. Tibets Fahne besitzt viele Details, eine schöne Fahne eigentlich. Tibet, sagte die Bekannte, seinen Blick bemerkend, bist du da irgendwie engagiert? Tibet ist mir egal, sagte M. Die Bekannte verabschiedete sich irritiert.

M. ging in seine Wohnung, schloss das Fenster, er setzte sich und fuhr den Computer hoch. Dann schrieb er den Satz: »Es war der Sommer, in dem an vielen Balkonen tibetische Fahnen zu sehen waren.«

Über die Tibet-Frage und Peter Kelder

Es war der Sommer, in dem an vielen Balkonen tibetische Fahnen zu sehen waren. In Berlin gibt es auch tibetische Restaurants. Ich bin da nie drin gewesen, ich fahre nur immer an einem dieser Restaurants vorbei. Es trägt den Namen *Der sechste Tibeter*. Ich habe immer gedacht, dieser Typ, der Besitzer vom *sechsten Tibeter*, der hat vielleicht eine Tibeterkette und nummeriert seine Läden durch, oder er hat schon fünf Mal mit tibetischen Restaurants Pleite gemacht und besitzt Selbstironie. Dann aber eröffnete mir eine Dame: »Du wärst der richtige Typ für *Die Fünf Tibeter*, lies *Die Fünf Tibeter*.«

Die Fünf Tibeter sind nach dem Dalai Lama der zweitwichtigste Beitrag Tibets zur Welt von heute. Es sind fünf Gymnastikübungen, die man täglich absolvieren sollte. Angeblich sieht man nach einem halben Jahr mit den Fünf Tibetern 20 Jahre jünger aus, auch innen, auch die Organe. Ich denke bei so etwas immer, wenn es so einfach wäre, dann würden längst alle Menschen auf dem Globus die Fünf Tibeter machen. Ich bin skeptisch bei solchen Dingen. Dann hörte ich, dass angeblich Johannes Heesters die Fünf Tibeter macht. Da wurde ich nachdenklich und kaufte das Buch.

Im Vorwort steht: »Seien Sie sich bewusst, dass Sie ein wunderbarer Mensch sind.« Das fällt einem, wenn man ehrlich zu sich ist, nicht schwer. Vereinfacht gesprochen, liegt der Erfolg der Fünf Tibeter an der Kirlian-Aura, die das gesamte Universum durchdringt, und den Chakras, die mit den endokrinen Drüsen etwas tun, worauf die sieben Energiewirbel des Körpers anfangen, sich zu drehen, unter anderem dreht sich die Zirbeldrüse. Das Buch erschien 1939, damals ist es wegen der schwierigen politischen Lage nicht richtig gewürdigt worden, erst in den letzten Jahren kam es groß heraus.

Ein Amerikaner namens Peter Kelder hatte damals einen britischen Oberst kennengelernt, Colonel Bradford, der in Tibet war, im hinterletzten Tal, und dort von den Mönchen gelernt hat, Dinge zu tun, die dazu führten, dass er mit Mitte siebzig aussah wie vierzig. Diese Dinge bestehen unter anderem darin, dass man aufrecht steht, die Arme ausbreitet und sich dreht, bis einem schwindelig wird, dies ist der Erste Tibeter. Währenddessen – obwohl einem schwindelig ist! – soll man denken: »Ich bin Licht, Liebe, Lachen. Ich bin strahlende Lebenskraft.« Beim Fünften Tibeter muss man mit dem Körper ein »V« bilden, währenddessen denkt man: »Ich bin geistig flexibel. Mein Körper ist schön.«

Das denke ich jetzt jeden Morgen, als Experiment, ich komme mir dabei natürlich geisteskrank vor, aber falls es mich wirklich verjüngt, würde ich auch denken: »Ich bin eine Kakerlake. Ich bin der Abschaum der Erde.« Zum Glück hilft das nicht. Angeblich lebt Kelder noch, mit weit über 100 Jahren. Ich denke, das wäre mal eine feine Story für das *ZEITmagazin,* »Kelder im Amazonas-Dschungel entdeckt«, vielleicht lebt er sogar mit Hitler zusammen.

Es gibt noch einen sechsten, besonders wirksamen Ritus, dadurch wird man, wie es in dem Buch wörtlich heißt, ein Supermann oder die Superfrau. Der Sechste Tibeter ist das Zölibat. Wer keinen Sex hat, wandelt mit der Zirbeldrüse die Sexualenergie in Vitalenergie um. Dann lebt man noch länger und ist noch vitaler, die Vitalität muss man halt in andere Dinge als das Liebesleben investieren. Päpste werden ja auch meistens sehr alt.

Der sechste Tibeter heißt also eigentlich »Zum Zölibat«, das wäre kein guter Name für ein Speiserestaurant. Was mich irritiert, ist die Tatsache, dass der Dalai Lama nicht jünger aussieht, als er ist. Ich vermute, dass er Sex hat.

Über den Tod

Wochenlang war ich mir vollkommen sicher, dass ich Krebs habe. Abgeschlagenheit, hin und wieder Fieber, stechende Schmerzen in der Lunge und noch andere Symptome, über die ich hier nicht sprechen möchte. Die Ärztin machte sich ebenfalls ihre Gedanken, wiegte den Kopf und überwies mich zu einem Lungenspezialisten. Bis zu dem Totalcheck vergingen acht Wochen, weil ich Kassenpatient bin. Als Privatpatient wäre ich wahrscheinlich sofort drangekommen. Ich war jahrelang Privatpatient. Aber dann bin ich wieder zurückgewechselt, mithilfe eines Tricks, weil alle Bekannten sagten, dass man von der Privatversicherung mies behandelt wird, wenn man erst einmal alt ist und in der Statistik ein Kostenfaktor. Man soll, sagten die Bekannten, um Gottes willen bloß rechtzeitig wieder zurück. Um aber überhaupt alt zu werden, und dann von der Privatversicherung mies behandelt werden zu dürfen, braucht man offenbar die Privatversicherung, denn acht Wochen Unterschied sind beim Fortschreiten einer schweren Krankheit sicher von Bedeutung.

Erstaunlicherweise bin ich relativ gelassen gewesen. Früher oder später muss man da sowieso durch. Die wichtigsten Dinge sind erledigt. Ich weiß nicht, ob und wie lange ich diese Haltung beibehalten hätte, aber erst einmal hatte ich sie.

Ob einem in der Zeit, die man ablebensbedingt verpasst, großes Glück oder großes Unglück widerfahren wäre, weiß man nicht. Ich habe mir sogar schon vor der Diagnose Gedanken über meine Beerdigung gemacht, über die Musik und die Leute, die ich einlade. Nicht alle, die als Gäste infrage kämen, harmonieren miteinander. Vielleicht sollte man in zwei Schichten trauern. Es darf auf keinen Fall am Essen und am Wein gespart werden, es darf geraucht werden, aber welches Restaurant nehme ich? In den mir hoffentlich verbleibenden Monaten wollte ich einige Adressen ausprobieren, am besten gefällt mir eine Mischung aus gediegener Küche und lässigem Ambiente. Ich habe auch darüber nachgedacht, wer die Grabreden hält. Wenn man von jemandem gebeten wird, seine Grabrede zu halten, kann man das kaum ablehnen, da war ich in einer echten Machtposition. Ich habe, was die professionelle Rede betrifft, zwischen vier oder fünf Personen geschwankt, darunter dem Chefredakteur der *ZEIT* und Hellmuth Karasek, beide sind gute Redner. Bei Giovanni di Lorenzo wäre die Rede genauer ausgefallen, stellenweise vielleicht auch kritisch, was ein Licht der Souveränität auf den Verstorbenen wirft, bei Karasek lustiger, ein oder zwei Lacher tun so einer Veranstaltung durchaus gut. Dann dachte ich, es sei vielleicht besser, jemanden zu nehmen, der weniger bekannt ist, mich aber besser kennt, andererseits, wenn man nicht daran gewöhnt ist, öffentlich zu sprechen, bedeutet so etwas viel Stress, es wäre menschenfreundlicher, einen geübten Redner zu bitten.

Ach, es war so ein bezaubernder, sonniger, die Welt streichelnder Tag, als ich zu dem Check ging, ich dachte, die Sonne ist überhaupt eine der allerbesten Sachen im Leben, man muss im Leben einfach nur möglichst oft in der Sonne sitzen. Als ich nach vielerlei Pusten, Blutherzeigen und Sichverrenken die Botschaft erhielt, dass ich mich mit meiner Gesundheit um eine Lizenz als Profiboxer bemühen könnte, Lungenwerte wie ein junges Pferd, da war ich beschämt wegen der Leichtfertigkeit, mit der ich die Sonne und all das andere aufzugeben bereit gewesen wäre. Trotzdem, es war gut, das alles gedanklich einmal durchzuspielen. Die Gästeliste habe ich in ein Kuvert getan und in den Küchenschrank gelegt.

Über Umfragen

Ich habe eine Umfrage über die Deutschen und ihr Verhältnis zu den Atommächten gelesen. In dieser Umfrage ging es darum, welche Atommacht als besonders angsteinflößend empfunden wird beziehungsweise wer Deutschland mit einem Atomkrieg bedroht. Ein Prozent der Befragten erklärte, dies sei Frankreich. Da habe ich gedacht, jeder Hundertste, der mir auf der Straße begegnet, ist komplett verrückt und gaga. Nur ein Gestörter kann doch ernsthaft die Auffassung vertreten, dass Frankreich einen Atomkrieg gegen Deutschland plant, da würde ich ja noch eher auf einen Atomangriff von Außerirdischen tippen.

Daraufhin habe ich angefangen, mich intensiver mit Umfragen zu befassen. Man bekommt dadurch einen anderen Blick auf die Menschen. Zum Beispiel haben in einer Umfrage elf Prozent der Befragten erklärt, dass wegen der deutsch-liechtensteinischen Steueraffäre ein Krieg gegen Liechtenstein gerechtfertigt wäre. Ich gebe zu, dass ich selbst auch einmal kurz darüber nachgedacht hatte, ich hätte sogar fast eine Kolumne über den Krieg gegen Liechtenstein geschrieben, aber dann dachte ich, nein, es ist zu crazy.

In Berlin sprechen sich in einer Umfrage 74 Prozent für die Bewaffnung der Busfahrer aus. Das wäre so eine Art zweite Bundeswehr. Man könnte dann die Berliner Busfahrer mit Fallschirmen über Liechtenstein abwerfen oder sie gegen die französische Atomstreitmacht in Marsch setzen. Mein Gott, lebe ich denn unter lauter Irren?

82 Prozent der Deutschen wollen angeblich, dass ein neues Schulfach mit dem Namen »Ernährung und Gesunderhaltung« eingeführt wird, allein schon dieser Name klingt doch wie die Erfindung eines psychopathischen Hypochonders, der Name passt doch auch auf keinen Stundenplan, so lang, wie er ist. Auf die Frage, welche die Stadt ihrer Träume sei, antwortet ein Prozent der Deutschen: »Bochum«. Bochum, wohlgemerkt, ist eine angenehme und freundliche Stadt, aber trotzdem, da stimmt doch was nicht.

Wenn man fragt, welches Auto sie sich kaufen würden, wenn Geld oder praktische Erwägungen einmal überhaupt keine Rolle spielten, antworten zwei Prozent: »einen Škoda«. Laut einer Umfrage der Zeitschrift *Woman* vertreten 24 Prozent der deutschen Frauen die Ansicht, dass man, wenn man sich draußen auf den Boden setze, zum Beispiel im Wald, keine Sitzdecke brauche. Berliner Busfahrer brauchen Gewehre – aber für ein Picknick im Wald braucht man keine Decke! Verstehen Sie?

Es gibt Westdeutsche und Ostdeutsche, auch in den Umfragen. Vor allem in zwei Punkten unterscheiden sich die Ostdeutschen klar von den Westdeutschen. Dem Satz »Salz borgen bringt Unglück« stimmen nur vier Prozent der Westdeutschen zu, aber 13 Prozent der Ostdeutschen. Was hat denn da der Sozialismus in den Köpfen schon wieder angerichtet? Andererseits, vielleicht lässt sich der deutsch-liechtensteinische Krieg ja noch abwenden, indem man den Liechtensteinern einfach Salz borgt.

Auf die Frage, ob sie gerne 150 Jahre alt werden würden, antworten mit Ja 33 Prozent der Ostdeutschen, aber nur 24 Prozent der Westdeutschen. Im Westen gibt es also eine gewisse Todessehnsucht, das passt, denn wenn der französische Atomangriff kommt, sind ja vor allem die Städte im Westen betroffen, leider auch Bochum. Die Berliner Busfahrerarmee kann dann von Osten her mit ihren Bussen in Richtung Frankreich vorstoßen, sie sollte aber auch Busfahrerinnen dabeihaben. Denn in Frankreich haben bei einer Umfrage neun Prozent der Männer erklärt, dass sie, bei freier Auswahl unter allen Frauen der Erde, gerne eine sexuelle Beziehung mit einer Deutschen hätten.

Über den Vatertag

Ich hasse es, wenn die Redakteure bei mir anrufen und sagen: »Hey, über das Kolumnenthema brauchst du dir keine Gedanken zu machen. Wir haben beschlossen: Diesmal heißt dein Thema ›Das moderne Bad‹.« Oder »Flirttrends« oder, wie dieses Mal, »Väter«.

Es sind immer Themen, zu denen ich gottverdammt noch mal keine Meinung habe. Aber ich wehre mich nicht. Ich bin feige. Ich bin *white trash*. Ich sage nie: »Das moderne Bad und die Flirttrends gehen mir am Arsch vorbei. Väter sind in meinen Augen das Allerletzte, ich bin für Jungfernzeugung.« Trotz allem werde ich nie derb und schweinehirtensprachlich. Ich bin sensibler Edeltrash.

Es ist auch wegen des Geldes. Das verfluchte Geld macht uns alle zu Huren. Ich bin gegen den Kapitalismus, wie alle Deutschen. Den Kapitalismus soll die Regierung den Kubanern schenken, die sind womöglich dankbar dafür. Wenn ich genug Kohle hätte, würde ich verstummen. Sofort. Wie Rimbaud oder wie Hunter S. Thompson. Als sie genug Kohle hatten, sagten sie: *Finita la musica*. Wenn sie meinem Vorbild Hunter S. Thompson mit einer Vaterkolumne gekommen wären, dann hätte er ihnen eine Acht-Millimeter-Kanone in den Anus geschoben, »Allez hopp!

Ein neuer Flirttrend!« gerufen und abgedrückt. Dieser Mann gilt weltweit als größter Journalist aller Zeiten.

Ich habe fluchend, Eiter, Lymphe und Galle spuckend, das Wort »Vatertag« auf ein Blatt Papier geschrieben und mithilfe der freien Assoziationsmethode alle Wörter drum herumgeschrieben, die mir zu diesem erbärmlichen Thema einfallen. Bei meiner letzten verdammten Schreibkrise hat diese widerliche Methode geholfen. Es waren die Wörter »Altbier«, »Steinhäger«, »Echt Stonsdorfer«, »Futschi«, »Lumumba«, »Kleiner Feigling«, »Dortmunder Union«, »Bisongras-Wodka« sowie »Kosakenkaffee«.

Ich habe einen halbwüchsigen Sohn. Also habe ich erst mal zwei Bier getrunken. Früher, bevor er zur Halbwüchsigkeit aufkeimte, hatte ich einen Sohn, der noch ganz klein war. Zur Erinnerung an meinen kleinen Sohn habe ich sofort zwei weitere Biere getrunken.

Väter am Vatertag müssen trinken. Herr Ober, einen Aquavit. Nüchtern kann und will ich mich zu dem komplexen Väterthema nicht äußern.

Kapitalismuskritik und Katholischsein, das sind wie Vatertagstrinken ja auch Traditionen, die nicht jedem gefallen und trotzdem von dieser verkommenen Gesellschaft akzeptiert werden. Es wird auch nicht mehr gesungen. In der Schule lernen die Kinder nicht mehr singen. Gesungen wird nur noch im Fußballstadion oder am Vatertag. Ist das nicht traurig? All die ungesungenen Lieder, weil die Lehrer den Kindern nicht mehr das Singen beibringen? Lieder, die keiner mehr singt. Mein Sohn kann nicht singen, und warum? Wegen der Reformpädagogik. Ich könnte heulen. Manchmal habe ich echt nah am Wasser gebaut. Ich brauche einen doppelten Futschi. Manno. Jetzt flutscht es. Oh ja.

Für Harald Juhnke war das ganze Jahr Vatertag. Na gut, der war jetzt niveaulos. Is egal. Jetzt sing ich. Danach zeuge ich mit Müttern meiner Wahl mehrere Söhne. Anschließend singe ich bis zur Bewusstlosigkeit weiter. Dagegen könnt ihr nichts tun. Ihr Kapitalisten.

Über Vorgesetzte

An bestimmte Frauen, mit denen ich vor Jahren einmal Sex hatte, besitze ich nur noch schemenhafte Erinnerungen. Gut, das waren halt die wilden Siebzigerjahre und das Dope. Über den Charakter dieser Personen sowie ihr Verhalten in Extremsituationen könnte ich heute nichts Verbindliches mehr mitteilen. Dagegen bin ich in der Lage, über jeden einzelnen Chef beziehungsweise Chefin, die ich im Laufe meines Lebens hatte, eine ausführliche und, wie ich behaupte, relativ präzise Charakterstudie zu verfassen. Hierarchien sind intimer als Sexualität! Und zwar von beiden Seiten aus. Wenn man selber Chef ist, kriegt man auch ganz schnell mit, wer eine Ratte ist. In Beziehungen braucht man oft Jahre dazu.

Interessant ist auch die Tatsache, dass relativ häufig Wahnsinnige in Führungspositionen gelangen. Von etwa 50 Chefs, die ich bisher hatte, würde ich 20 Prozent als gestört bezeichnen, noch höher ist die Quote der Gestörten meines Erachtens nur bei den Busfahrern der Berliner Verkehrsbetriebe. Wer sagt: »In Deutschland gibt es zu wenige Führungspersönlichkeiten«, sollte sich mal unter den Berliner Busfahrern umschauen.

Man denkt immer: Oben hat man mehr Freiheiten. Das

Gegenteil ist der Fall. Jeder Chef hat immerzu einen Oberchef, sogar der Papst. Zahlenmäßig aber ist das Verhältnis zwischen Oberchefs und Unterchefs immer ungünstiger als das Verhältnis zwischen Unterchefs und Fußvolk, das heißt, man steht als Chef viel stärker unter Beobachtung.

Wer kreative Selbstverwirklichung sucht, muss sich in einer Hierarchie im unteren Mittelfeld aufhalten. Ganz unten ist es dann wieder zu schattig.

Als ich mal Chef war, bat mich mein Oberchef zu sich ins Büro. Er sagte: »Ihre Abteilung ist vom Personal her nicht gut. Bestimmen Sie drei Leute, die wir feuern sollen. Suchen Sie sich die größten Flaschen aus. Wir stellen stattdessen drei Talente ein.«

Zuerst habe ich den Oberchef gehasst, das brutale Schwein. Dann dachte ich, na ja, er hat irgendwie recht, die Leute sind zum Teil wirklich nicht gut. Die Firma als Ganzes muss im Vordergrund stehen. *If you can't stand the heat, stay out of the kitchen.*

In der Abteilung aber war es so, dass die Leute, die mir sympathisch waren und keinen Ärger machten, von der Qualität her stark zu wünschen übrig ließen. Ausgerechnet die renitenten Quertreiber und die notorischen Stinkstiefel lieferten die beste Arbeit ab. Im Chefcasino klopften die anderen Chefs mir auf die Schulter und sagten: »So ist es meistens.«

Ich dachte: Ich möchte geliebt werden, ein guter Mensch sein, ich will niemand feuern, ich will das nicht tun. Dann wurde mir klar, dass mein Oberchef ebenfalls geliebt werden wollte, deswegen sollte nämlich ich die Schweineentscheidung treffen. Er würde hinterher huldvoll die großzügige Abfindung überreichen und im privaten Gespräch alles auf den sadistischen Unterchef schieben. Wissen Sie, wer am Ende gehen musste? Ich!

Über das Walrecht

Ich möchte über meine persönlichen Erfahrungen mit Walen sprechen. Zufälligerweise kenne ich mich mit Walen gut aus. Ich bin sogar mal als Walbeobachter tätig gewesen. Das war in Südafrika. Man fuhr am frühen Morgen mit einem Schiff hinaus zu den Walen. Als wir zur Walbeobachtung ausfuhren, herrschte starker Seegang auf dem Indischen Ozean. Nach zehn Minuten waren sämtliche Walbeobachter krank, bis auf den alten Kapitän Ahab. Man hat, um sich zu erleichtern, in einer Demokratie immer die Wahl zwischen der linken und der rechten Bootsseite. Wir riefen gurgelnd:»Kapitän, können wir zurück in den Hafen?« Er aber rief:»Das ist eine typische Journalistenfrage!« und fuhr direktemang hinein in das Herz des Hurrikans.

Wale haben den folgenden Lifestyle: Die eine Hälfte des Jahres halten sich in der Nähe des Südpols auf und fressen kleine Krebse, bis sie fast platzen. Die andere Hälfte des Jahres schwimmen sie vor Südafrika auf und ab, paaren sich und fressen überhaupt nichts. Es erinnert an Joschka Fischer. Ich habe auch einmal Walfleisch gegessen, obwohl es verboten ist. Es war in Island. Der Restaurantbesitzer sagte, kurz vor dem Verbot der Waljagd hätten sie in Island riesige Mengen Walfleisch eingefroren, damit wollten sie die Zeit überbrücken, bis das Verbot aufgehoben wird. Das Walfleisch schmeckte aber so sehr nach Thunfisch, dass ich vermute, es handelte sich um eine Walfälschung.

Der Natur wohnt ein Trend zu freien, gleichen und geheimen Walen inne. Denn erstens sind die Wale als einzige Tiere zu groß, als dass man sie im Zoo halten könnte, eine Alternative zu freien Walen gibt es nach dem Willen der Natur überhaupt nicht. Zweitens sehen sich alle Wale meiner Ansicht nach ähnlich, weswegen man von gleichen Walen sprechen kann, drittens ist das Leben der Wale teilweise unerforscht, folglich geheim. Die Wale haben ein Leittier, welches fast immer weiblich ist und sich häufig verschwimmt. Oder es ignoriert alle Walergebnisse und will einfach mit dem Kopf durch die Wand. Jedenfalls schmatzen die Wale gegen das Ufer, wackeln mit ihren Flossen und sind in der Entfaltung ihrer Persönlichkeit gefährdet. Walhelfer versuchen, die Wale wieder ins Wasser zu ziehen, das heißt Walwiederholung. Walwiederholung ist eine Notlösung.

Wegen des hohen Seegangs waren die Wale allen Beobachtern völlig gleichgültig geworden. Kapitän Ahab aber fuhr mit rollenden Augen und wehendem Bart zwei Stunden lang vor der Küste auf und ab, bis wir, einige Meter entfernt, tatsächlich für Sekundenbruchteile eine mit Seegetier überkrustete Walflosse sahen. Dann fuhren wir zurück. Ahab sagte: »Die Wale werden bei starkem Wellengang seekrank, sie bleiben dann lieber unter Wasser.« Sogar Wale werden seekrank! Ich fragte: »Wenn die Wale keine Lust haben, sich zu zeigen, warum sind wir dann die ganze Zeit umhergefahren? Es war so schrecklich!« Ahab nahm seine Pfeife aus dem Mund und sagte verschmitzt: »Tja, in dem Prospekt steht, Walsichtung garantiert, sonst Geld zurück. Deswegen fahre ich euch so lange herum, bis ihr einen Wal seht. Das nennt man Walrecht.«

Über Werbung

Ich bin krank. Sommergrippe. 39,1 Fieber! Seit Monaten habe ich mir gesagt, Harald, habe ich mir gesagt, du musst immer schön eine Kolumne Vorsprung haben, für den Fall, dass du mal Grippe hast. Auf mich hört keiner, nicht mal ich selber.

Ich schreibe über Werbung. Werbung ist lästig. Werbung stört im Fernsehen und beschädigt das Stadtbild. Werbung stört im Kino, Werbung stört im Computer. Die Taube ist die Ratte der Lüfte. Werbung ist die Ratte des Stadtbilds.

Ich glaube, die große Mehrheit unseres Volkes denkt in dieser Frage genauso wie ich. Seit einigen Jahren widerfährt es mir sogar, dass ich zu Hause ans Telefon gehe, und es ist Werbung dran. Alle sagen: »Werbung ist notwendig, weil mithilfe von Werbung alles Mögliche finanziert wird, zum Beispiel die Presse, das Fernsehen, der Fußball, Arbeitsplätze und das Internet.« Da erwidere ich, gut, dann lasst die Wirtschaft das Geld einfach direkt verteilen. Die Wirtschaft soll der Presse, dem Fernsehen, dem Fußball und so weiter Geld geben, sie können meinetwegen auch die Gehälter der Werbeleute weiter bezahlen, Geld ist ja offenbar kein Problem, nur, dass davon bitte keine Werbung mehr hergestellt wird. Niemand hätte einen Nachteil. Es gäbe nur Vorteile, vor allem emotionale und ästhetische.

Jetzt ruft eine Freundin an, sie sagt: »Boah, wie rau deine Stimme sich anhört. Wie Serge Gainsbourg.« Ich sage, dass ich über Werbung schreibe. Eine Welt ohne Werbung, das ist meine Utopie, meine Botschaft. Da will ich hin. Die Freundin sagt, das Thema ist retro, Kritik an Werbung, Achtzigerjahre. Außerdem, für dein Buch wird doch auch Werbung gemacht.

Ich sage, ich teste die Liberalität von denen. Das ganze Magazin wird doch nur durch Werbung finanziert. Es wird doch überhaupt nur deswegen gemacht. Und ich kritisiere das. Ich beiße die Hand, die mich füttert. Ich sage: Schafft es ab! Es ist Scheiße! Wegen des Wortes »Scheiße« gibt es Leserbriefe, ich kenne die Leser. Die Leser begreifen nicht, dass ich im Goethestil schreiben könnte, aber bewusst, aufgrund einer wohlüberlegten literarischen Entscheidung, in zeitgenössischer Umgangssprache schreibe. Im deutschen Theater passieren noch ganz andere Sachen, auf der Bühne, und das ist Hochkultur. Ist das alles wirklich so schwer zu checken?

Ich bringe sie alle systematisch gegen mich auf, die Leser, die Redakteure, die Wirtschaft. Wenn sie mich feuern, umso besser. »Wurde wegen eines Textes, der sich kritisch mit dem Einfluss der Werbewirtschaft auseinandersetzte, 2007 von der ZEIT entlassen« – klingt geil. Das ist die beste Werbung für mich.

Die Freundin sagt: »Stimmt, es gibt keine klare Grenze mehr zwischen kritischem und affirmativem Diskurs.« Ich sage: »Ey, wo hast du das gelesen? Ist das von mir?«

Ich habe Fieber.

Anmerkung des Redaktionsleiters: Wir machen das Magazin doch nur, um das horrende Honorar des Kolumnisten zu finanzieren! *

---

* Dies ist das erste und bisher einzige Mal gewesen, dass die Redaktion sich von einem meiner Texte, wenngleich ironisch, distanzierte.

Über :-)

Heute stelle ich die folgende Frage zur Diskussion: Wie würde das Weiße Haus reagieren, wenn der nächste Papst eine Fledermaus wäre? Da denkt man natürlich, das ist eine Quatschfrage. Stimmt aber nicht. In Wirklichkeit hat diese Frage durchaus etwas zu tun mit der Welt, in welcher wir leben, sowie mit der modernen Kommunikation.

Am 19. September 1982 hat der kalifornische Student Scott E. Falman in einer E-Mail das Zeichensystem der sogenannten Emoticons erfunden. Falman schrieb: »Ich schlage vor, dass die folgenden Satzzeichen in Zukunft Scherze anzeigen: :-).« Diese E-Mail, gesendet im internen Netz seiner Hochschule, der Carnegie Mellon University, ist erhalten und stellt eines der ältesten Kulturdenkmäler des Internets dar. Anlass waren zahlreiche Missverständnisse in der interstudentischen Kommunikation darüber, was ironisch gemeint war und was nicht, auch wegen des unterschiedlichen kulturellen Hintergrunds der Studenten.

Seitdem hat sich die Emoticon-Kultur stark entwickelt. Man kann inzwischen fast jede Emotion ausdrücken und sogar komplizierte Wörter. Zum Beispiel bedeutet (*_*) »Augenfunkeln«, \(ˆ_ˆ)/ bedeutet »Hurra«, und ///`o´/// ist »erregtes Stöhnen«, wobei ich bei dem Stöhnen die Zeichen nicht ganz verstehe.

Es besitzen jedenfalls auffällig viele Emoticons eine sexuelle Bedeutung, vielleicht, weil die Sexualität in sehr vielen Kulturen emotional besetzt ist, die meisten Menschen interessiert und im studentischen Milieu oft vorkommt. »Kuss« heißt :-X, ein »Zungenkuss« geht so :pq:, und 8-) bedeutet »Vorsicht, ich bin Brillenträger«. Das Emoticon 8===D*-. soll »Ejakulation« ausdrücken, da verstehe ich den Punkt am Ende nicht ganz, soll das etwa ein befruchtungsfähiges Ei sein?

Bei japanischen Handys können Wörter automatisch vom Handy in Emoticons umgewandelt werden, ein Japaner tippt also den typisch japanischen Satz »Ich erkenne meinen Fehler und entschuldige mich« in sein Handy, und die Maschine wandelt dies um in (+.+) (-.-) (_ _), wobei die letzte Klammer eine Verbeugung bedeuten soll, nicht zu verwechseln mit (_I_), denn das heißt »Sie haben einen sexy Po« und würde bei einer geschäftlichen Besprechung in Japan zwiespältig aufgenommen werden.

Letztere Information entnehme ich der Berliner Boulevardzeitung *BZ*, die auf derselben Seite meldet, dass laut einer Umfrage 58 Prozent der deutschen Frauen über 16 Jahren erklären, dass sie mit einem Typen, der ihnen einen Liebesbrief voller Rechtschreibfehler schickt, nichts anfangen würden, und zwar wegen der Rechtschreibfehler, auch wenn ansonsten nichts gegen diesen Typen spräche. Das ist ein gutes Zeichen für den Zustand unserer Schriftkultur.

Ich habe übrigens noch keine einzige kulturkritische Betrachtung über die Emoticons gelesen, obwohl alles Neue doch sonst zuverlässig Untergangspropheten auf den Plan ruft, die dieses Neue zu einem Indiz für den Niedergang unserer Zivilisation erklären. Man könnte als Kulturkritiker beispielsweise sagen: »Wer rund um die Uhr :-) macht, kann eines Tages seine Gefühle nicht mehr mit sprachlichen Mitteln ausdrücken, die Sprache verarmt. Komplexere Sachverhalte als :pq: lassen sich mit Emoticons nicht ausdrücken.«

Nun, ich sage dies nicht. Ich sage: Wenn der +=:-) eine ^^o_o^^ wäre, dann wäre =I:) = sicher (o_o). Das habe ich in einem Wörterbuch für Emoticons gefunden, es heißt: Wenn der Papst eine Fledermaus wäre, dann wäre Uncle Sam sicher sehr erstaunt. Diese Aussage finde ich inhaltlich relativ komplex.